書けば叶う
魔法の習慣

輝く女性をつくるための ワーク

Be You

ASAKO

ありのままの自分を受け入れて、わがままに生きる
自分らしく輝いて、最高の自分に

人生の質を高め、夢を描いて
なりたかった自分自身になる

ステップ1

iii

＜はじめに＞

あなたは「自分」が大好きですか？

　ごめんなさい、突然こんなことを言われても困りますよね。では、質問を変えましょう。

あなたは「幸せ」になりたいですか？

　きっと、誰でも「YES」ですよね。

　人は幸せになるために生まれてきているのですから、幸せになりたくない人なんて絶対にいません。では、幸せになるための絶対条件を知っていますか？

　それは、**【自分を愛すること】**なんです。

　「自分を愛する」。言葉で言うのは簡単ですが、心の底から自分を好きになるというのは、意外と難しいですよね。

　でも、ハッキリと言わせてもらいます。

　自分を心から愛せない女性のもとには、幸せは絶対に舞い込んできません。夢や理想も叶えられません。

　キツイ言い方かもしれませんが、真実です。

　理由はとっても簡単。**自分を愛せない人は、自分の能力や才能**

1

を100%生かし切れないからです。

　人は、自分を過小評価します。日本人の謙虚さから来るものかもしれませんが、「自分には、こんなにも素敵な能力がある」「成し遂げたいことを実行する大きな力がある」という自信を無意識に封印してしまっているのです。

　誰もがせっかく女性としての「愛すべき魅力」を持って生まれてきたのに、あまりにもったいないですよね。

　では、どうしたら自分を心から愛して、才能を100%発揮して、幸せを手にすることができるのか？　夢や理想をつかめるのか？

　それには、「3つのこと」をしなければなりません。

1.　自分を知る

　まずは、「自分という存在を知る」ことです。当たり前のように感じるかもしれませんが、これは普通に日常生活を送っていては至難の業です。

　「こんなはずじゃなかった」「もっと別のやり方があったのではないか」「ああ、あの時に戻りたい・・・」人はなぜ、こうも後悔をする生き物なのでしょう。

　それは、自分をあまりに知らなすぎるからです。

もし、自分をきちんと知っていれば、後悔もなくなります。だって、自分が選んだことに自信を持っていますし、すべての結果は自分の成長のために必要な事象であると断言できるようになるからです。

あなたは自分をどれだけ知っていますか？

自分を知るには、普段の生活から少し距離を置いて、自分自身の像をイメージしながら、心と体の両面を俯瞰して見ていく必要があります。

本書では、あなたという自分像を浮かび上がらせ、まだ見ぬ自分に出会えるための質問とワークをたくさん用意しています。

2. 理想の自分

理想どおりの自分になって人生が送れていたら、「しあわせな人生」だと言えますよね。あなたは、「自分の理想」が明確ですか？

「自分の理想」はゴールとも言えます。せっかく目標や計画を立てても理想像があまりに漠然としていたら軸がブレてしまい、ゴールに辿り着くことはできません。自分が全く望んでいない人

生になってしまう可能性もあります。ですから、理想の自分を具体的に細分化してイメージすることが重要となります。

　私はよく、結婚願望がある女性に「理想の男性像は？」と質問するのですが、返ってくる答えが意外とぼんやり曖昧な人が多いなと感じます。

　結婚するとなれば内面も外見もその人の生活スタイルや将来のビジョンも含めて、理解して受け止めていく必要があります。パートナーの存在は自分の人生にも大きな影響を与える存在です。結婚によって更に幸せな人生を歩む人も、残念な人生に変わってしまう人がいるのも事実です。

　ですから、もし本当に結婚を望むのであればしっかりと理想像を描かなければいけません。なんとなくや、勢いで結婚するなんて、リスクが高過ぎますよね。

　これは１つの例えですが、このように理想を明確にすることで、本当に自分が欲しいものがはっきりします。要らないものは手放し、必要なステップを踏んでいく。**今の現実の自分と理想の自分の間にあるギャップを埋めていくことで、夢の実現に邁進できるのです。**

3. 自分を磨く

　私はこれまで、美容関係の仕事に携わり、15年以上多くの女性を見てきました。その中で気になったのは、たくさんの実績を積んで評価されていて、高い給与をもらっていても満たされないと思う人。周りにたくさんの友達がいても、どこかさみしそうにしている人。頭の先からつま先まで、美しく整えているのに自信がなさそうにしている人。あなたの周りにもそんな人はいませんか？

　そこでいつしか２つの疑問がわきました。
　一体、幸せの定義とは何なのでしょうか？
　美と幸せとの関係は？　自分を美しく磨くことで幸せになれるのでしょうか？

　本来、皆美しいものが好きで惹かれます。美しい物語に心打たれたり、旅先の絶景に目を奪われたり、イケメン俳優の出るドラマに胸キュンしたり、美しい音楽の音色に聴き入ってしまい、ときが経つのを忘れてしまったり。

　私は誰もが生まれつき美意識を備えていると思っています。私には生後３カ月になる息子がいますが、その息子も美しいアートの絵本を見せると足をバタバタさせて、満面の笑みで喜びます。

その生まれ持った美意識を開花させ、高めて自分自身を磨いている人は、確かに幸せを見出していると私は思っています。つまり、「美」から自分の幸せを見出しているのです。人はそれぞれ違う定義の美意識を持っていますが、美意識を高めて自分を磨いている人は、大きく２つのタイプに分けることができます。

　１つ目のタイプは、「他人からよく見られたい」「人から嫌われたくない」など誰か他人の評価を気にして美意識を高めるタイプ。２つ目は、自分の夢や目標のために自分を磨き美意識を高めるタイプとなります。

　１つ目のタイプは他の人の好みに左右されるため、がんばっても最後には自身が合わせることに疲れてしまい、自分の幸せからは遠のいてしまいます。しかし、２つ目のタイプは自分のために時間を作り、お金をかけて自分磨きをしていくので楽しむことができます。そして、どんどん幸せになっていきます。「美」から自分の幸せを見出しているとも言えるでしょう。

　そして、後者の彼女たちにはいくつかの共通点があります。それは**明るく前向きで向上心があり、自分に自信がある**ということです。
　理由については「Step 3」で詳しく触れていきますが、美意識を高めるためには自分磨きが不可欠です。美意識を高め、自分

を磨き続けることでモチベーションをアップさせることも幸せな
人生を歩むためには大切なのです。

　これは、きれいな洋服を着るとか、メイクをするとか、そう
いった外見だけの話ではありません。「女性としての内面からあ
ふれ出すオーラや美しさを、どう磨いていくのか？」を常に考え
ているのです。

　女性としての美意識が、自分の姿だけでなく、心の在り方や人
生にどんな影響を与えるのか？をお伝えしながら、美意識の高め
方をワークを通じてあなたにお届けします。
　そう、自分の人生の幸せは、自分を知り、理想を見つめ、自分
を磨きながら自分自身で創っていくしかありません。

あなたの人生が書かれた 「世界にたった１つのノート」をつくろう

　夢や理想をつかむ３つのこと、わかってもらえましたか？
　本書では、あなたが夢や理想を叶えて、あなただけの最高の幸
せを作るために、ステップごとに書き出しスタイルのワークをご
用意しました。

このワークの書き方をマスターすれば、あなたが欲しいもの、お金、時間、理想のパートナー、理想の仕事など、あらゆるものを手にすることができます。私自身、このワークを書き込むことで夢をたくさん実現してきました。数年経って見返すと、ほとんどの夢が叶っていて、自身でもおどろくくらいです。

　私には５つの願いがありました。

　１つ目は本の出版、２つ目は海外での仕事、３つ目はパートナーとの出逢い、４つ目は最高のボディコントロール方法を見つける、５つ目は会社の設立です。

　この願いたちは、すべて、本書に書かれているワークを通じて叶えてきたものです。本書のワークを全部仕上げたとき、**あなたの手元には世界にたった１つのオリジナルノートが完成されています。**
　それは、**夢と理想をすべて叶えてくれ、本当の幸せをもたらしてくれる、あなただけのシンデレラストーリーが書かれたもの**です。

　いま、あなたが本書を読み始めたばかりだとしたら、本書には定価だけの価値しかないかもしれません。でも、すべてのワークが終わったとき、本書には値をつけられないぐらい尊い価値が付

与されます。

　自分自身で、自分の人生の幸せをつくっていく。今まで自分の
生きてきた経験があなたの価値観や考え方をつくり、自分だけの
オリジナルの人生をつくるヒントになります。

　やりたいことを全部やる、なりたい姿になっていく、わがまま
に生きる。「美意識」が人生を豊かにハッピーにする後押しをし
てくれる。
　本書のワークであなたの人生を変えることができます。書き出
すことで、やりたことがはっきりして、気持ちもスッキリ整理さ
れます。そして、未来が見えて進むべき方向がわかります。ブレ
ない自分をつくるための、自分のノートを手にしてください。

〜ワークのコツ〜
①楽しくワクワクやりましょう
②どこからやっても OK（気になるところだけでも OK）
③自分とゆっくり向き合えるところでやりましょう
④誰にも見られるものでもありませんので、制限を外して、思
　いっきり大胆に書きましょう
⑤人は変化していくものなので繰り返しやりましょう

STEP 1

自分と「本気で」対話しよう

「自分を知ること」が、幸せへの第一歩だとお話ししました。STEP1では、自分の内面的な価値観・リアルな現状を見出すワークを中心にしていきましょう。

　ありのままの自分を見つめ、受け入れることは勇気が必要です。見たくない自分の嫌な部分も認めないといけないからです。でも、自分を愛することは自己受容から始まります。ありのままの自分を受け入れ、自分らしく輝いて、最高の自分を受け入れる準備を始めましょう。

　自分の価値観なんて、普段は気づきませんよね。むしろ、考えもしないはずです。でも、自分の価値観を知ることで**「未来への指針」**を得ることができます。あなたが人生という旅を進むためのマップを手にするのです。

　STEP 1は本書でも大切な位置づけのため、考える量がちょっと多いかもしれません。静かにゆったりしたところで書いていきましょう。

～本書のワーク時の注意点～

　書くという行為は、「自分と見つめ合う」ことからはじまります。時に、人は見栄を張りたがるものです。でも、本書は誰に見せるものでもありません。あなたの夢をかなえるためには真剣に自分と向き合う必要があります。今日から**1日5分でもいいので、自分と向き合う時間をとりましょう。**

　そして、ワークは朝起きてから出勤するまでの間、コーヒーを飲みながらでもいいので、**「朝」**を推奨します。こういったゆったりと考える時間は普通、夜寝る前にとるのが一般的かもしれませんが、私はおすすめしません。

　なぜなら、夜は、身も心も疲れてしまっているので、自分と向き合うのに嘘をついてしまうからです。判断力も鈍っています。一方で朝は、その日のはじまりです。寝て疲れをとっているので、一番、頭がリフレッシュされています。クリエイティブな仕事は朝にやるのがいいというのは、**朝、起きてから約2時間は頭のゴールデンタイム**だからです。活発に頭が働くことでしょう。新鮮な気持ちで取り組めるのも Good です。

　私も、本の執筆をする時は、いつもより朝早く起きて書くことが多いです。

朝というのは、その日１日の充実度とやる気を高める貴重な時間です。なので、基本的にはネガティブなことは考えるのは NG。ネガティブなことを考えると、その日１日がもやもやとしてしまい、希望を見い出せなくなってしまいます。

　ニュースなんかも朝に見るのはお勧めしません。夢や幸せは自分の感情や意識ととても深くかかわっています。暗いニュースは無意識にも感情レベルを下げてしまうので、朝は明るい話と希望に満ちたイメージを持ち続けることを大事にしてください。
　それでもどうしても朝は時間が限られていてやることがいっぱいで時間がとれないと言う人は、週末やまとまった休みのときに時間を作ってゆっくりやりましょう。

ワクワク夢中になれることは何だろう？

　「人が１番輝いている瞬間」っていつだと思いますか？それは、ワクワク夢中になれることをしているときです！ワクワク夢中になれることをしているとき、人は、時間を忘れて想像以上の力を発揮します。

　そして、人生のステージが変わります。なぜかって？それは、ワクワク夢中になれることは社会を変える力があるからで

す。「好きなことをして生きていく」というキャッチフレーズの
YouTube ですが、皆、好きなことを真剣にやっています。その
熱量が視聴者にも伝わり、ファンが増えていきます。

　つまり、あなたがワクワク夢中になれることを発見して、それ
を実行していけば、周囲はあなたのファンになってしまうこと
だってあるのです。人生のステージが一気に変わります。

　あなた自身の幸せや夢の実現にも大きくかかわってくる重要な
問いです。次のワークでじっくりと考えていきましょう。

Beauty Column

水分の摂取が多いとキレイになれる？？

　一時期流行った女優・モデルさんが多く実践している「1日2Lの
水を飲む」という美容法。

　私も実践したことがあります。

　代謝が上がったり、肌がキレイになったり、むくみが減ったりと嬉
しい体感がありました。ただし、注意点も。一気にたくさん飲むと内
臓に負担がかかるので少しずつ飲むこと。少量ずつの方が体への負担
も少なく、吸収率も上がります。

　水素水、炭酸水など様々な種類があるので自分のお好みや体感で選
んでみるのも楽しいと思います。わたしのお気に入りは、フルーツや
ハーブを入れて楽しむデトックスウォーターです。

ワーク

~あなたが心からワクワクするときはどんなときですか？~

~あなたが時間を忘れて夢中になれることは何ですか？~

例)インスタで見つけたおしゃれなカフェで友達とおしゃべりするとき

❀ 心のブロックは何だろう？（克服したいこと）

　今度は、あなたの心のブロックを取り除きましょう。これは、ワクワク夢中になれることを心置きなくしていくためにも、必要なワークです。

　心のブロックとは、あなたが無意識に思考している、行動しない理由です。「私には、こんなやりたいことがある」と願望はあっても、何かが邪魔して動けないことがよくあります。これが、心のブロックです。

　心のブロックがあると動くことができません。これは一種のトラウマでもあります。私も、芸能関係の仕事をしていたことがありますが、過去の大きなショックが原因で、もう人前に出るのは嫌だと、心にブロックをかけていました。今では取り除くことができましたが、本当につらいものでした。

　心のブロックを取り除くには、そのブロックの正体と壊し方を知る以外に道はありません。**すべての女性は美しく、勇敢です。自身の素の強さを自覚して、本来の最高の自分になるのを妨げている心のブロックを取り払いましょう。**次のワークは、私が実際にブロックを取り除いたときによくしていたものです。きっと、あなたの心のブロックを取り除く一助になれるはずです。

ステップ1

ワーク

あなたの行動を制限しているものは何だろう？

なぜ、制限しているのだろう？

壊すのに必要なことは何だろう？

例）失敗したらだめだと思っている
　　　　　↓
　　　でも、失敗しても、また何度でもやれる！

モチベーションを高めるスイッチは何だろう？

ステップ1

「さあ、やるぞ！」あなたが仕事でも、プライベートで部屋の片付けでもいいです。やる気になる瞬間ってどんなときでしょうか？　私だったら「新しい美容の商品を試すとき」。まるでまだ見ぬ自分に出会うようなワクワクした気持ちになります。

モチベーションが上がるというのは、熱量がありますし、楽しい気分になるので、できることなら、いつもモチベーションは高くいたいですよね。でも、人間ですから不可能です。誰だって、モチベーションが上がらないときはあります。

でも、「これをしたらモチベーションがすぐあがる！」というスイッチがあったら、最高だと思いませんか？　いつでも生産性

とやる気を上げてくれるモチベーションは、味方につけておきたいものです。

モチベーションを上げるために、あなたの「モチベーションスイッチ」を知っておきましょう。知っていると知らないでは、日々の充実度が桁違いです。次のワークであなたのモチベーションスイッチを探しましょう。

ワーク

ステップ1

〜何をしている瞬間がモチベーションが上がりますか？〜

10個書き出そう

例）行列ができる大好きなお店のケーキを食べる

- ☐ 1
- ☐ 2
- ☐ 3
- ☐ 4
- ☐ 5
- ☐ 6
- ☐ 7
- ☐ 8
- ☐ 9
- ☐ 10

ステップ2

〜10個に順位付けをしよう〜　☐の中に番号を入れて下さい。

❀ もし、成功が 100%約束されていたら？

　自分が何をしたいのか？　誰でも一度は悩んだことがあるはずです。私も何度も悩みました。でも、そんなとき私を救ってくれた問いがありますので、ご紹介します。

　その問いは以下になります。

【もし、何をやっても 100%成功するとしたら、何をやりますか？】

　何をしても、「地位、名誉、豊かな生活」が手に入っちゃうんです。さて、あなたは何と答えますか？

　この問いの本質は、先ほどやってもらった心のブロックを崩すことにもつながっています。人はなぜ、やりたいことを素直に言えないのか？それは、「まさか自分なんて、、」という自己暗示がかかっているからです。「こんなたいそれたこと、自分にできるわけがない。笑われるだけ」と勝手に思い込み、素直にやりたいことを言えないのです。

　でも、どうでしょう？　絶対に成功するとわかっていたら、素直にポンと言えませんか？　成功しなかったときに恥ずかしいと思うから、周りに夢は言えないものです。

21

だからこそ、絶対に叶うという前提で物事を考えたとき、あなたの脳裏に浮かぶものが、「あなたの今、本当にやりたいこと」なのです。もしくは、その思い浮かんだことの延長線上に必ず、あなたの価値観の軸があります。

　さあ、心に再度問いかけてみましょう。いま、絶対に成功するとしたら、何がしたいですか？それは、あなたがいま一番求めている未来像なのかもしれません。

ワーク

〜もし、絶対に成功するとしたら、あなたは何をしたいですか？〜
例）ハンドメイドアクセサリーのお店をオープンする

あなたは何のために仕事をしている？

　いまは、多くの女性が仕事をしながら生活をしています。では、ここで1つ質問させてください。「あなたは、なぜ、仕事をしているのでしょうか？」

・生活やお金のため？
・自己実現するため？
・人の役にたちたいから？

　20代になると、社会に出て仕事をするのが当たり前で、何の疑問も持たずに仕事をしてしまっている人も多いのではないでしょうか？

　でも、考えてみてください。仕事って1日の大半を占めますよね。1日最低8時間、長いときは12時間、仕事を頑張る人も少なくありません。人生の貴重な時間の2分の1を仕事で使ってしまっているんですよ！　たくさんやりたいこともあるのに、なんでこんなことをしているのかと思ったことはありませんか？

　この答えは、人ぞれぞれというのが正解かもしれませんが、私の答えをお教えします。

23

【仕事は自分を成長させてくれる1番の栄養】だからです。そして、たくさんの栄養をもらって、私たちは夢の実現をしてきます。自己実現の手段であり、自分そのものみたいなイメージです。

　人にとって、仕事自体は目的ではありません。仕事はあくまで手段です。人は幸せになったり、夢を叶えたりするために生きています。でも、幸せになったり夢を叶えたりするには、自身が成長して、その成長を実感しなくてはいけません。

　そして、お金も必要ですよね。お金がすべてだとは思いませんが、生きていくためにはある程度のお金は必要です。お金がもらえて自分も成長できる環境であれば、満足度が高い仕事と言えると思います。

　「あなたの仕事は、あなたにどんな成長を与えてくれていますか？」

　これを考えることが、あなたが幸せになり、夢を叶えることができるようになる最初の一歩です。

ワーク

～あなたのお仕事が、あなたにもたらしてくれている成長は？～

例）人とのコミュニケーションを高めてくれる

～あなたがお仕事に対して求めるものは？～

例）やりがい、人間関係など

喜怒哀楽を言語化しよう

　私たち人間には感情が備わっています。感情があるからこそ、幸せを感じられます。でも、私たちはこの感情について、どのぐらいの理解をしているでしょうか？

　喜怒哀楽（喜ぶ、怒る、悲しむ、楽しむ）。どれも無意識にしている感情表現ですが、これを言語化することで、あなたの新しい内面が発見できます。

　たとえば、「喜ぶ」。イメージしてください。いま、あなたは親しい友人たちと食事に来ています。目の前にはおいしそうな料理がいっぱいあります。当然、嬉しい気持ちになりますよね。

　では、ここでクエスチョン。あなたはなぜ、嬉しい気持ちになっているのでしょうか？

　おいしい料理が目の前にあるからでしょうか？たしかに、おいしい料理が理由で嬉しい人もいるでしょう。でも、私なら料理よりも、「親しい友人とおいしそうな料理を囲みながら、これから弾むであろう会話」を想像して喜びを感じるでしょう。

　そう、（私の）喜びの本質は、料理ではなく、親しい友人との

26

会話であることに気づきます。

　人は感情をひとまとめにして考えますので、その喜びが何に対しての喜びなのか？自分では気づけずに過ごしていることが多々あります。しかし、こうして喜びの正体を分析し、言語化したらどうでしょうか？

　「あ、自分はこんなところに喜びを感じる人間だったのか」と、新しい一面に気づけますよね。これが、本当の意味で自分を知るということです。また、怒りという感情も私は大事だと思います。なぜなら、怒りのポイントも人それぞれ全く違い、怒りの奥底には実は心配やさみしさが隠れているとも言われています。自分がなぜあの時イライラしてしまったのかな？と、立ち止まって考えることで、本当の理由が見つかるかもしれません。

　喜怒哀楽を知った人は、自分が喜び、怒り、悲しみ、楽しめるポイントを熟知しています。だからこそ、自分のひとつひとつの選択・行動を大切にして、意味を見つけ、起こりうる嫌なことを回避できます。幸せを感じやすい体質になるわけですね。自分を喜ばせることも上手になります。

　あなたも、次のワークで、「喜怒哀楽」を言語化してみましょう。きっと、新しいあなたに出会えますよ。

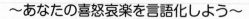

ワーク

～あなたの喜怒哀楽を言語化しよう～

<最近、嬉しかったこと>
　例）好きな彼からディナーのお誘いがきたこと
　Q: なぜ嬉しかった？
　例）好きな彼とゆっくり過ごしたいと思っていたから
　　　⇒彼との時間が自分にとっては大事

<最近、嬉しかったこと>
Q: なぜ嬉しかった？

<最近、怒ったこと>
Q：なぜ、怒った？

<最近、悲しかったこと>
Q：なぜ、悲しかった？

<最近、楽しかったこと>
Q：なぜ、楽しかった？

好きと嫌い

　好きなことで満たされている人生。想像するだけで幸せですよね。仕事で嫌なことがあっても、好きな人からメールが来ているのに気づき、一瞬でハッピーモードになった事はありませんか？「好き」という感情にはものすごいエネルギーがあります。

　では、嫌いなものはどうでしょうか。「嫌い」というとどこかネガティブなイメージがあるので避けてしまう人もいるかもしれませんが、実はとても大事の感情なのです。

　かの有名なココ・シャネルは、「嫌い」という感情をとても重要視していました。生涯をかけて自分の周りから嫌いなものをなくすことにエネルギーを注いだと言われています。自分の嫌いなものと向き合いこだわる強さがあり、それをバネにしたからこそ、あれほどの世界的ブランドを築くことができたのでしょう。

　嫌いなものを正直に自覚するには勇気がいります。なぜなら、多くの人は否定的な感情は良くないと心のどこかで思ってしまうからです。でも、**嫌いの裏には好きなものをより深く知るヒントがあります**。少し勇気を出して嫌いなものを見つめてみましょう。

　日常で好きなことを増やし、嫌いなものを減らすだけでも平穏で幸せな人生に近づきます。

ワーク

～好きなもの（本、映画、音楽など）好きな場所、好きな言葉
例）ピンクのバラの花、ディズニーランド

～嫌いなもの、嫌いな場所、イライラする時間、嫌いな人や苦手
　な人とその共通点は？
例）人ごみ、きたない部屋、ウソをつく人など

私が尊敬する「ココ・シャネル」

　尊敬する理由の１つに「一貫して媚びない生き方」をしているというのがあります。シャネルの定番カラーはブラックです。何色にも染まらない、誰にも媚びないという意志がよく伝わってきますよね。

　また、シャネルはこんな言葉も残しています。

　「化粧は他人のためではなく、自分のため」

　普通、社会人なら、化粧は人前に出るためのマナーと教わりますから、化粧は人に良い自分を見せるための行為という印象が強い方も多いでしょう。でも、シャネルは違います。

　「自分をより愛するため」に化粧をするのです。

　媚びない生き方はとても苦労しますし、勇気がいります。でも、自分の世界観を持ち続ければ、内面も外見も人に媚びずに生きられますよね。

　人に認められたいと願うより、まずは自分を認めてあげる。そして自分のために行動する。これができれば誰かに媚びることなく、ありのままの自分を好きになれます。その結果、もっと幸せになれますよ。

31

あなたにとっての「時間」とは？

「時間」と「お金」、あなたにとって大切なのはどっちですか？

どっちも大切なのは変わりありません。しかし、私は、どちらかを選ぶのであれば「時間」一択だと思っています。時間というのは、私たちが生命活動している一種の空間を指します。時間を大切にしないということは、命を大切にしないと同じです。

時給 1000 円のバイトで例えれば、お金は頑張れば頑張った分だけ増やせますが、時間は誰がどう頑張っても1日に 24 時間しか与えられません。

それにいくらたくさんお金を稼いでいても、プライベートや自由の時間もなく心身ともに疲れ切っていては、幸せとは到底言えません。

趣味に没頭している時間、好きな人と一緒に過ごしている時間などお金には変えることはできない価値がありますよね。

だからこそ、幸せを手にするのも、時間の使い方次第と言ってもいいでしょう。**時間の使い方を少し変えるだけで人生が変わり始めます。**

　では、ここで限りある時間を有効活用できるようになるための
ワークをしていきましょう。

ワーク

〜今までの人生で何に時間を1番かけてきましたか？

〜時間がたっぷりあったら何がしたい？
例）好きなアイドルのコンサートに行く

〜本当はやりたくないのに時間を使っていることは？
例）休日出勤

あなたにとっての「お金」とは？

　今度はお金について考えてみましょう。あなたにとって「お金」はどんな存在でしょう？

　かつて私はお金に関する本をたくさん読みました。お金持ちになれば幸せになれると思っていたからです。しかし、それは先ほども少し触れましたが違いました。

　お金の価値観は収入やライフスタイル、社会的な地位や仕事でのポジションによって人それぞれ違います。何十億何百億と使い切れない程のお金を持っていても満たされず心から幸せと思えない人もいれば、1万円の臨時収入を心から喜べる人もいます。

　ですから、大事なのは金額よりも自分が「豊かさ」や「満足感」のような余裕を感じれるかどうかだと思います。自分の心次第でお金持ちになることだって簡単です。

　では、ここで！美哲学者でもある、私、ASAKO からの質問です。

　「お金の本当の価値って何でしょうか？」一度、本を閉じてじっくり考えてみてください。

どうですか？哲学っぽい話なので、いまいちわからない方もいるのではないでしょうか？では、美哲学者 ASAKO からの答えを発表します。

お金の本当の価値は、**「なりたい理想の自分になるための時短ツール」**という面にあるのです！

どうですか？　驚きましたか？　少し詳しく説明しますね。

お金はたしかに衣食住を支えてくれます。生きるために必要です。でも、それだけでは人は生きているとは言えませんし、つまらないですよね。生命を維持しているだけです。

生きていると実感できるのは、理想の自分があって、それに近づいたとき、なれたときに喜びを感じるからこそです。しかし、先ほど言いました。時間は誰でも 24 時間しかなく有限であると。すると、この 24 時間をどう上手く使っていくかが、より早く、自分の理想や夢を実現できるか？　にかかってきます。もう、気づきましたか？　そう、時間はお金で買うことが可能なのです。

たとえば、一流のネイリストになりたいという夢があったとしましょう。でも、予約がどんどん入る人気ネイリストになるのは、

簡単なことではありません。

　ネイルの技術もそうなのですが、お客さんと話すコミュニケーション能力も必要です。全部を１人で１から学び、習得しようとすると、人様にきちんとお金をもらってネイルをする一人前のネイリストになるまでには２〜５年近くかかります。でも、若いうちから活躍したい人や、そんなに待てない人もいますよね。そこで、５年かかるところを１年に短縮できるようになる魔法のツールが「お金」なんです。

　ネイルの技術は独学よりも、プロから教わった方が圧倒的に早く優れたものを手にできます。そこから会話術も教えてもらえるでしょう。プロから教わるとしたら、お金がかかります。でも、自分がなりたい夢のネイリストに、最短時間で到達できます。これがお金の力です。

　仕事でもそうですよね。外部に委託した方が早くできる場合、委託すれば、早くできますし、その空いた時間でより生産性の高い仕事ができます。お金は、なりたい自分になるための最強の時短ツールの意味が分かっていただけましたでしょうか？　ここでは過去と現在の自分のお金との関係についてワークをしていきましょう。

ワーク

〜今まで何に1番お金をかけましたか？

例）ファッション

ステップ1

〜お金に対する意識・記憶

例）お金は悪いことをしないと稼げない

〜毎月の支出

〜あなたがお金を払ってでも短縮したい時間は何ですか？

あなたがパートナーに求めることは？

　あなたには素敵なパートナーがいますか？　素敵なパートナーが欲しいと思うことはありませんか？　パートナーはあなた自身を高めてくれる存在であり、かけがえのない人です。では、そんなたった1人のパートナーにあなたは何を求めていますか？

　私の場合、「その人らしさ」と、相手として「自分らしくいられるか」をパートナーに一番求めます。そして、自分らしくいられて居心地がいい、親友のような存在がベストです。私はまだパートナーがいない頃に、このワークを真剣にやりました。

　外見の特徴（例えば目の色から体つきや表情まで）や内面的なことはもちろん、ライフスタイル、関係性や、どのエリアに住んでいるなど、鮮明に描いたのです。それを書いて自分でも満足して、すっかり忘れていた頃に、今の旦那さんとの出会いがありました。不思議なことに、自分が書いた8割の条件をクリアしていました。

　パートナーは互いを尊重して高めあえる人が理想ではないでしょうか。互いにないものを持っていて、補い合って、なんでも壁を越えていく。理想のパートナーです。自分のやりたいことを理解して応援してくれるというのも大事ですね。もし、あなたが

1人では叶えづらい夢や理想があるのだとしたら、パートナーの持つ、あなたにない力を借りましょう。そして、パートナーにも夢があったら、次はあなたが力を貸すのです。

　そのためには、パートナーの魅力ともいえる、「その人らしさ」は何か？　を言語化してきちんと心にとめておかねばなりません。

　最近は、すぐに離婚したり別れてしまったりするカップルも増えていると聞きます。それは、パートナーの「らしさ」を理解せずに、相手に求めすぎているからではないでしょうか？　相手も変化ばかり求められると疲れてしまいますよね。

　あなたのパートナーの持つ「らしさ」を最低5つは言語化して考えて、自分の「らしさ」とどう素敵にマッチするかを考えてみましょう。そこには、2人の素敵な未来が待っているはずです。

39

ワーク

~パートナーの魅力「らしさ」を５つを書き出そう~

なぜ、魅力なのかも書こう

例）反省しない⇒根っこからのポジティブだからそれこそ魅力

~あなたの魅力「らしさ」も５つ書き出そう~

例）細かいことが気になる⇒様々な場面で気遣いができる

自分の歴史を振り返ろう

「今の自分は、これまでの自分の歴史が作っている」とよく言いますが、まさにその通りだと思います。１日１日の過去の積み重ねが、今のあなたを作っています。ただ、それを実感している人というのは少ないのではないでしょうか。

あなたは自分の変化というものを実感したことはありますか？

仕事が変わった、新しいパートナーができたなど、ライフスタイルに明らかな変化があれば気づくかもしれませんが、転職も引っ越しもしていないとなると、中々、変化には気づきにくいかもしれません。しかし、人は明らかに変化をしています。

「仕事でできなかったことができるようになった」「友達との出会いによって、新しい趣味が増えた」「朝はパン派からご飯派に変わった」・・・こうしたことも立派な変化です。そして、この変化こそがあなたの未来を変えます。

あなたが、この１０年でどんな変化があったのか、今一度、考えてみましょう。そして、これからの１０年でどんな変化を起こし、どんな理想の自分になりたいのかも考えましょう。１０年が先すぎて全くイメージできない人は、５年先でもOKです。自分のステージを引き上げるための大切なワークです。

41

ワーク

~過去 10 年であった変化を書こう~

どんな変化があったか?

(環境の変化、自分の変化、まわりの変化)

例) 仕事を転職して以前より前向きになった

~これから 10 年でどんな変化を起こしたいか?

　どんな理想の自分になりたいか?~

例) 理想のパートナーと結婚する

~ 10 年後の自分に対してのメッセージを送ろう~

STEP 2

理想の自分とライフスタイル

Step 1 では自分の内面を見つめ、好きなことや価値観がはっきりしてきたと思います。

次は自分が目指しているゴール、つまり「理想」について考えていきましょう。

理想は、より細かく具体的にイメージすることで実現するスピードが加速します。そのために必要なワークをやっていきましょう。理想通りの自分になって、夢が全て叶ったらどんなに幸せでしょうか？　わくわく楽しみながら進めていきましょう。

理想の外見と内面セルフイメージを高める

　自分の理想の外見と内面を細かく書き出していきます。ここでのポイントは、流行や人気、誰かの好みではなく自分自身の理想を正直に書いていくこと。特に外見というのは自分以外の他の人によって判断されることが多々あります。

　その影響もあってか、実は自分の理想とは違う自分になってしまっているという人も結構いるんですよね。このワークは、女の子なら多くの人が幼い頃遊んでいたリカちゃん人形を着せ変えて遊ぶ感覚に似ていて、私もすごく好きなワークです。自分の好みのお人形を選び、自分の好きな服に着替えさせて、お友達と一緒に遊んだ経験はありませんか？

　顔の好みは〇〇、スタイルは〇〇、ファッションテイストは〇〇のようにショッピング感覚で自分の好みから連想させて次々に選んで書き出していきましょう。

ステップ2

45

ワーク

（外見）顔、スタイル、ファッション、持ち物、身につけるもの

例）顔…ジェシカ・アルバのような優しい笑顔
　　スタイル…筋肉はしっかりあるメリハリボディ…など

（内面）自分を表す言葉10個、自分の印象、イメージカラー

例）エレガント、元気、ナチュラル…など

理想の人間関係（家族・友人・パートナー）

　人の悩みの９割は人間関係とも言われています。学校に行けば友人関係、交際・結婚すればパートナーシップ、社会にでて仕事をすれば同僚や上司との関係、子供が生まれれば親子関係。日常生活の様々な場面で起こる小さなトラブルやすれ違い。けれど生きていく中で人付き合いを避けることはできません。

　でも、これを言い換えると、理想の人間関係が築けている人は、悩みも少なく幸せとも言えますね。あなたは今、人間関係で悩みを抱えていませんか？　自分がどんな人間関係を築いていきたいかがはっきりすれば、現在の自分の人間関係を見直すことができます。自分にとって本当に必要なのか？　それとも、なんとなく付き合っていた不必要な関係なのか？

　理想の人間関係について考えてみましょう。

ステップ2

ワーク

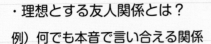

・理想とする友人関係とは？

例）何でも本音で言い合える関係

・理想とするパートナーとの関係は？

・理想とする家族との関係は？

・現在の自分の人間関係の問題点は？

例）なんとなく昔からの流れで付き合いを続けている人が多かった

🦋 理想のライフスタイル

　誰だって、理想のライフスタイルがありますよね。私なら、朝は6時には起きて、軽い運動をして、ヘルシーな朝ご飯を作って、適度にお仕事をして、夕方には買い物に行って、ちょっとおしゃれなカフェでひと息して、晩御飯を作って、夜は自分時間で勉強して、好きなアーティストの動画を見て・・・、なんて、たくさんあります。

　海外風のおしゃれなインテリアに囲まれながら、ゆったりとお茶をして雑誌をながめる、なんてのも憧れますね。あなたはいかがでしょうか？

　理想のライフスタイルを考えることは、あなたの1日の生活リズムを整えることにもつながります。そして、「こんなライフスタイルを送りたい！」という願望は、あなたのやる気をアップさせ、行動力を増やします。なんだって、理想があるからこそ行動できますもんね！

　そこで、理想のライフスタイルをどうやって実現させるかを考えていきましょう。そのためには、まずは、現実のライフスタイルを書き出して、理想のライフスタイルと比較することが第一歩です。現実と理想のギャップを知りましょう。

「理想から現実になるためには、何が必要なのか？」それを箇条書きでいいので書いてみてください。お金、時間、人の手助け、静かな環境、広い部屋など、細かく上げていけばたくさんのことがでてくるはずです。

そして、その必要条件をどうしたら満たせるのか？　をひとつひとつ考えていくことが大切です。頭の中がすっきりと整理されて、解決すべき事柄が浮かび上がってきますよ。

50

ワーク

〜あなたの理想のライフスタイルを書き出そう〜

例）朝、余裕をもって起床。朝陽を浴びながら愛犬と公園を散歩

ステップ2

〜あなたの現実のライフスタイルを書き出そう〜

例）夜遅くまで TV を観ていて、翌朝は寝坊が多い

ワーク

～理想のライフスタイルを作るために必要な要素は？～

例）好きな TV 番組以外は観ない。録画してまとめて休みの日に観る

～どうしたら必要な要素を手に入れられる？～

例）録画機能付き TV の購入を検討する

理想の働き方は？

STEP 1 で、「仕事があなたを成長させてくれる」というお話をしました。今度は「理想の働き方」について考えてみましょう。

理想の働き方を実現させることは、あなたの可能性を広げます。まだ見ぬ、より輝いたあなたを誕生させるのです。

私自身、理想の働き方をずっと考えてきました。

「パソコン 1 台で家にいながらでも、スキ間時間にどこでも仕事ができる。自分の価値を高めて、情報発信することで人助けをしながら、お金を得る」

これを実現したくて、何度も試行錯誤して、ようやく理想の働き方にたどり着きました。理想の働き方ができるようになると、心に余裕が生まれます。小さな子どもといる時間も増やすことができます。何より、仕事が楽しくてしょうがないので、自然とエネルギーが高まります。

ここで重要なのは、「妥協」しないことです。「こんな働き方をしたい！」というのを妥協せずに決めることです。さすがにこれは虫が良すぎるかな？　とためらってしまっては、もうそこで、

ステップ2

心にブレーキがかかっています。何か1つでも妥協点を取り入れてしまうということは、嫌な働き方をすることにつながります。これでは意味がありません。

　素直な気持ちで、あなたの理想の働き方を書き出してみましょう。あ！大事なことを言い忘れました。理想の働き方を書き出す際には、必ず、その理由も書きましょう。なぜそんな働き方をしたいのか？　を自問自答してください。

　自問自答することで、その理想の働き方が嘘じゃないか？　が分かります。よく人は、世間でいう理想が自分の理想でもあると勘違いします。でも、世間の理想はあくまで世間の理想なのです。あなたには、あなたにとっての「本当の理想」があるはず。本当の理想をしっかりと見定めてから書いてくださいね。願えば、人はそれに向かって動きます。
　それは必ず、実現するのです。

ワーク

~あなたの理想の働き方は？　その理由は？~

例）週３日働いて生活していく
　　　　理由→子供や家族との時間を思う存分楽しみたいから

~理想の働き方をしているのは誰か？~

未来の支出計画

　STEP 1で、基本的な「お金」とは？　ということについて考えました。あなたのお金に対するイメージが、今のあなたの現実を作り出しています。

　例えば、お金の心配をいつもしている人は「お金がない」という現実を無意識にも自分自身でつくり出してしまっているのです。

　けれども、お金に対するイメージを変えていけば誰もがお金に関する悩みから解放されます。生涯お金の心配をしないで過ごすことができたら幸せですよね。あなたの人生を豊かにお金を十分に循環させるために、今度は自分の理想とする未来の支出計画について考えてみましょう。

　ここでは今の自分がどれぐらいの収入を得ているとか、貯金があるとかそういうことは一切考えずに、自分が心から満足する金額をはっきりさせていきます。ポイントは、より細かくイメージして描いていくこと！　決して遠慮しないで、ほしいと自分が思う金額を思い切って書いていきましょう。

　私の場合、以前は毎日お金が足りないと心配している時期がありました。その頃は美容院や大好きな美活にかけるお金も「行きたいところ」ではなくお金の安い「行けるところ」を探して行っ

ていました。しかし、このワークをやるときに、どうせなら都会の有名なおしゃれで最高級のサービスをしてくれるサロンを探してその金額を書いてみようとネットで検索してみました。最初は値段の高さに驚きましたが、それと同時に自分の目標にもなりました。

　さあ、心から満足いく支出計画を立ててみましょう。

ステップ2

ワーク

～毎月いくらのお金が欲しいか？
例）50万円、手取りで

～未来の支出計画を書こう
例）家賃15万円、貯金3万円、趣味代3万円 etc

お金を自由に使いこなすレッスン

ここでは、「お金を自由に使いこなす練習」をしてみましょう。

私の中学生時代のエピソードですが、テストの時に早く終わると問題用紙の裏に欲しいものを次々に書いては、テストが終わったあと友達同士で見せ合いっこをしていました。今振り返ると、そのほとんどのモノが実際手に入りました。不思議ですが、イメージするって本当に効果があるんだなと、つくづく思います。

まずは、ほしい物リストを作る。ここでのポイントは、【欲しいモノ・手に入れたいモノ・やりたいこと】をより細かく金額をはっきりと書くこと。「大したモノじゃないな」と思ったり、「こんな高価なの・・・」など考えずに、まるでデパートから欲しいものを次々と選んでいくようなイメージで自由に書き出して下さい。

中々思いつかないという方は、下記のジャンル別リストを参考に考えてみてくださいね。

ファッション、ファッション小物、家具＆インテリア、家電、生活雑貨、キッズ＆ベビー、本ゲーム、音楽、コンサート、ヘルスケア、ビューティーケア、旅行関係、車、ペット関係、不動産、寄付、その他

ワーク

～制限を外して、欲しいものを自由に手に入れるイメージをつくろう。あなたの欲しいものを書き出そう（金額も）

-
-
-
-
-
-
-
-
-
-
-

最後に、ここに書いたすべてのものが、手に入ったときの自分はどんな気持ちでしょうか？ イメージしてみましょう

お金の力で夢を叶えた話

　美しく洗練された空間といえば、ラグジュアリーホテルですよね。20 代の前半から高級ホテルが好きで、時間ができたらラウンジでお茶をして優雅な気持ちに浸っていました。

　ある時、雑誌を読み、リッツカールトンに泊まりたいという夢ができました。当時はネイルにモデル、イベントのお仕事で大忙し。休む暇もなく働く日々でしたが、お金はいつもなくギリギリの生活でした。（無駄なものに使い過ぎていました）

　そこで、友達と意を決して、お金を少しずつ貯めて、リッツカールトンを予約。

　いざ、泊まる時はドキドキでした。夜は眠れませんでしたね。

　お金は夢を叶えるための時短ツールと言いましたが、まさに、「高級ホテルで優雅な 1 日を過ごすという夢」をお金が解決してくれました。

　今思うと、かなり背伸びした経験でした。でも、この経験がなかったら、いつまでも素敵な顧客体験ができなかったと思いますし、こうして読者の方に、お金を使う素晴らしさを伝えることもできなかったでしょう。

　お金をうまく使えば、自分のいるステージのレベルアップにもつながります。

　今の現状をなんとかして脱出したいと思うならば、お金を溜め込み過ぎるのをやめ、自分が新しいステージに登るための時短ツールとして考えてはいかがでしょうか？

STEP 3

耀く女性を創る「10のエッセンス」
美意識を高めよう

～プロローグ～

　次は、あなたの「美意識」を高めるための方法をお教えします。ところで、あなたは「美意識」って何かわかりますか？　「美」に対する意識や感覚、心の働きのことを表していますが、すこし哲学的な言葉ですから、難しいですよね。では、私なりに解釈した美意識をここでご紹介しましょう。

　美意識とは、ずばり、【自分を高めてくれる最高のエッセンス】です。女性は「美」を追求しなくなった時点で、自信を失ってしまう。これは私の哲学です。女性はいつもキラキラ輝いてこそ、女性であり、美しく在れます。年齢は一切関係ありません。何歳になっても美を追求して、自信満々に輝いている自分を創る。そのひとつひとつの輝きを形どるのが「美意識」なのです。

　ですから、自分自身を好きになるためにも、「美意識」を高めることは欠かせません！自分に自信もつくので、夢もどんどん叶いやすくなりますよ。ここで、

あなたの美意識を高めるためのエッセンスをお教えします。

エッセンス１　〜尊敬する人をつくろう〜

　あなたには尊敬する（あるいは目標とする）人はいますか？
誰でもいいのです。有名人や偉人、もしくはあなたの友人や知人
でも大丈夫ですよ。美意識を高めるには、まず、セルフイメージ
というものが必須です。セルフイメージを高めるための最適な方
法は、あなたが最も尊敬する女性に似せていくことです。

　なぜなら、憧れの人に近づこうとして懸命に努力する女性はい

つも輝いているからです。そ
して、少しでも近づいた自分
に気づいたとき、そこに女性
としての喜びオーラが出てき
ます。そのオーラこそ、美意
識が生み出した産物であり、
輝く女性を作るための１つの
エッセンスです。

　尊敬する人がいなければ、
好きな人、なんとなく気にな
る人でもOKです。

ステップ3

ワーク

～あなたの尊敬する人、目標とする人を５人書き出してみよう～

～５人の共通点を上げてみよう～

エッセンス2　～真似をしてみる～

　私は常々、内面も外見もどちらも磨くのが大切だとお話をさせていただいています。人の内面は自然と外見に現れると思うからです。しかし、内面を磨くというのは目に見えるものでもなく、ハードルは高くなります。

　ですから、まずは外見磨きに力を入れて「なりたい理想の自分になっていく」というのはとても良い選択だと思っています。

　外見が変わると内面もそれにともない変わっていく場合もたくさんあります。もし、「こんな印象を残す人になりたい」という理想のルックスやスタイル、たたずまい、雰囲気があるなら、鮮明にイメージしてみましょう。

　鮮明にイメージするのが難しいという方もいますよね。そんな方は、イメージを文字にすることをお勧めします。頭の中のイメージを文字化するのです。

　たとえば私は、ジェシカ・アルバが大好きです。具体的には彼女の飾らない笑顔と美しく引き締まった容姿にはとても憧れますし、独特の感性にも引き込まれてしまいます。しかし、ジェシカ・アルバはあくまでジェシカ・アルバであり、私がいくら頑張ったところで彼女にはなれません。でも、お手本にすることはできます。

「ジェシカのメイクを取り込もう」
「ジェシカの笑い方を真似してみよう」
「ジェシカと同じものを着てみよう」

　など、真似をすることで、憧れに近づくことができます。これが、文字化することの意味です。こうして文字化すると、真似すべきことが分かりやすくなりますよね。

　また、もっと効果的なおすすめは、憧れの人の写真をいつも近くに置いておくことです。毎日、憧れの人を見ていると、だんだんとあなたの中に、憧れの人物のイメージが頭に定着してきます。そうすると、よりあなたが理想の人物に近づいてくるのです。

　憧れの人物に近づけると、その人本人にしかわからない感情ですが、とても晴れやかな気持ちになり、日々が楽しくなります。なにより、自分に自信がつくようになるのです。
　あなたもぜひ憧れの人を作って真似をしてみてくださいね。

ワーク

〜あなたの憧れの人の真似をしてみよう〜

ポイントはポージングや話し方、メイク、ファッションなど細かく書くこと。あこがれの人をイメージする力を大切にしましょう。具体的な人物の名前を出すと効果的。

例）ジェシカ・アルバのような優しい笑顔の印象を残す人になる

エッセンス3　〜コンプレックスを愛そう〜

　もし、あなたにコンプレックスがあるとしたら、それはとても「幸せ」なことです。

　「え？　なんでコンプレックスが幸せなの？」と思うかもしれません。

　コンプレックスと聞くとネガティブな印象を抱く人も少なくないと思います。でも、コンプレックスを持っていることは、本当は幸せなことなんです。どうしてかというと、**コンプレックスは新しい魅力に変えられる頼もしい存在**だからです。

　実は、私にも、いくつかコンプレックスがあります。ずっと、美容系の勉強ばかりしてきたので、同世代の社会人と比べて、ビジネス的な観点やいわゆる一般常識に不安がありました。自分でも「おバカなのかな？」と不安で、このコンプレックスはすこし前の私にとってきついもので、次に進むにも足かせになっていました。

　でも、このコンプレックスを認めてくれたのが、いまの旦那さん。「あさちゃんは、（常識に）縛られてないからいいんだよ！だから自由な発想ができる。それが、（あさちゃんの）魅力！」と言ってくれたんです。

　このときは、本当に救われた思いでした。コンプレックスを認められたときって、弱みから、それ（コンプレックス）が強みに変わっちゃうんです。すごいことですよね。この経験から、私はコンプレックスは愛すべきものだと思考を改めました。

　外見のコンプレックスも同じです。よく「足が太いのがコンプレックスです」という女性の悩みを聞きますが、セルフケアを続けていると、人によってはその効果もあり、いつしか自慢の足に変わった！　という人もたくさんいます。

　あなたにも、あなたの魅力を引き出す愛すべきコンプレックスはありますか？　次のページであなたのコンプレックスを書き出して、魅力に変えるトレーニングをしましょう。素の自分と向き合って少しずつ丁寧にケアしていくとあなたの美意識がまるで変わりますよ！

ワーク

～あなたが考える自分のコンプレックスは？～

外見：

内面：

～コンプレックスを魅力に変換しよう～

例）「背が低い」 男性から見たら小さくて、小動物みたいで守ってあげたくなる
　　「短大出で学力が不安」 無駄な知識に縛られていない自由な発想ができる

エッセンス４　～選択に妥協をしない～

　あなたは何かを選択する際に、どんな基準で選択しています
か？

　「本当はこっちの黒いシャネルのカバンが欲しいけど、高いし、
安いノーブランドのカバンでいいか」「今日は頑張ったから奮発
したワインを買って飲みたいけど、まだ残ってたやつ（安ワイ
ン）があるからそれでいいか」なんて、妥協をしたことはありま
せんか？

　妥協は、女性としての美意識を濁らせます。美意識が高い人は、
自分のこだわりに対して妥協をしません。妥協というのは、結局
のところ、自分にとって最良ではない選択をすることを言います。
それは、無意識下でわだかまりや心のもやもやを生み、ストレス
を発散するどころか、余計なストレスを抱えてしまうのです。

　本末転倒ですよね。悩んだときの本当に正しい選択とは、その
ときの後悔がないものを選ぶことです。「これでいいや」ではな
く「これがいい！」で、より心がときめく方を選択しましょう。

　「これがいい！」で選ぶコツは、あなたがその商品やサービス
を買った後の自分の姿をイメージしましょう。より輝いている自
分はどっちか？　で選択すれば、おのずと、「これがいい！」が
見つかるはずです。

月末でお金が少しピンチ！そんなときもあるとは思いますが、少し余裕があるときは、背伸びして今までの自分の選択を変えてみませんか？

ワーク

後悔ない選択をするために、あなたが心ときめく、モノやサービスの条件を書いてみよう

例）ワインは最低 3000 円以上でフランス産
例）洋服は鮮やかな自分を演出できる方を選ぶ（値段は多少高くてもよい）

エッセンス5　～「美」を遠ざける執着を捨てよう～

　人は執着する生き物とされます。恋愛なんかもそうですよね。別れた後でも、元カレに執着して追いかけちゃったり、元カレとの思い出から離れられなかったり。そんな話をよく聞きます。

　でも、知っていましたか？　執着は、女性から美を遠ざけていることに。

　なぜなら、執着というのは、過去と決別できずに、未来へ進めない状態を指すからです。輝く女性はいつも未来志向で、前を見て歩いています。だから、勇ましく、美しく、麗しいのです。男性からも女性からも愛される女性は、いつも未来に向けて着実に行動している人なのです。

　でも、執着している女性はどうでしょうか？　過去ばかりにとらわれ、前に向かって歩くことを忘れています。何かにすがっていると決して前には進めず、ネガティブになりがちなのです。同じ女性として断言します。20代後半、30代前半から急に老け込む女性がいます。彼女たちの共通項は、過去に執着があることです。若い頃はよかったと前に進めず、新しい出会いや新しい出来事に全く関心を示しません。すると、まだまだ若いエネルギーが内側にため込まれるだけで、発散できません。これでは、若々しくいられるはずがありません。

余談ですが、昔は、気を「氣」と書いていました。エネルギーを四方八方に発散せよというメッセージが込められていたそうです。しかし、いまは「気」と書き、「〆」てしまいます。エネルギーをため込んでいる状態を示していて、決して前には進めません。

　あなたはどうでしょうか？　何かに執着して、「気」を貯めこんでいませんか？　執着は、美を遠ざけ、あなたの若々しさを奪う原因となってしまいます。

　次のワークで、あなたの執着を明らかにして、きれいさっぱりなくしてしまいましょう。

ワーク

〜あなたが執着していると思われる事柄を書こう（より具体的に）

例）仕事でミスしてしまったことをずっと引きずっている

〜なぜ、執着をしているのか？　言語化してみよう〜

例）ミスをすることは悪いことだと思っている

ステップ3

〜どうやったら執着から離れられるか？〜

例）ミスをすることは誰でもあるし、仕方がない。その分巻き返せる
　　ように努力しよう

エッセンス6
〜自分が主役の女優 Day を作っちゃおう〜

美意識を高める画期的な方法があります。

それは＜なりきり力＞です。

＜なりきり力＞とは「○○ごっこ」とも言えます。例えば女優さんやモデルさんのような美意識が常に求められるお仕事をしている人の行動力や意識を＜マネする＞ということです。

実は、美意識というのは、「人から見られているという自意識」こそが磨き上げるものでもあるからです。女優さんっていつも綺麗だと思いませんか？　それは、いつも人に見られているという意識があるからです。だから、自分磨きを忘れずに、美しいのです。

でも、私たちはあくまで一般人。別にいつも大多数から見られているわけではありません。現在、子育てしている私もそうですが、普段、家庭にいる人ならほとんど人と会わない人も多いでしょう。特に、このご時世の現代社会においては。

そこで美意識を磨くのに役立つのが、妄想での、女優さんになりきること。つまり、「自分はいつも見られているんだから綺麗でいよう！」という意識を芽生えさせるのです。

　まず、女優さんの1日を想像します。

　女優さんが、朝起きてから夜寝るまでの間で、美容や健康のためにやっていそうなことや気をつけていそうなことを、自分が思いつくかぎり書き出します。

　たとえばこんなふうに。

「朝起きて、体のために白湯を飲むかな」

「外出先では空調が強く寒いかもしれないので羽織るものを持って出かけるだろうな」

「街を歩く時は顔を見られたら困るから、サングラスや帽子、マスクを着用するだろうな」

　こんなふうに、思いつく限り書き出してみましょう。

　そして次に、自分ができそうなことを1日、やっていきます。

　もちろん「私は女優」という意識を常に忘れずに！

　女優さんの美への意識とはどういうものかを頭の中で「映像化」して言葉として描き出していく。そして実際にやってみることで女優さんの美意識と自分の美意識が重なっていくことになります。

　それを続けていると＜なりきり力＞がいつの間にか身についているはずです。

ステップ3

ワーク

・女優さんの1日を想像して美容・健康ポイントを書き出す

・今日あなたが取り組むポイントは？

エッセンス7　～都合よく物事を解釈しちゃおう～

　あなたは悪口を言われたり、嫌なことをされた経験があります
か？　私はあります。

　誰だって傷つきますよね。悪口や陰口は。では、あなたの美意
識を高めるのに、悪口や陰口を、あなたの美に変換する魔法のよ
うな方法をお伝えしましょう。

　それは、何でも、自分勝手に都合よく解釈しちゃうことです。
たとえば、「男にこびてるよね。むかつく」と、悪口を言われた
としましょう。さて、どう受け止めますか？

　ここで、ショックを受けてそれだけで終わってはいけません。
一時的に受けたとしても冷静に受け止めてみましょう。こんなこ
とは言わせておけばいいのです。大事なのは、あなたの解釈なの
です。

　私なら、こう解釈します。

　「ああ、私って周りから見ると男性とこんなにも仲良くしてる
ように思われているんだ！男性相手の商売ならいい線行くかも！
笑」

　どうですか。とっても強気で、自分勝手な解釈ですよね。

　でも、これでいいんです。

　悪口や妬みは、あなたに嫉妬をして負けていると感じるからこ

そ出るもの。言われた悪口の才能があなたにはあるんです。勝手に都合よく解釈して、あなたの強みを再発見して、どんどんこの長所を伸ばせばいいんです。受け止める力も身につきます。

　どんなこともポジティブに変換することであなたの美はどんどん加速して、誰も追いつけなくなりますよ！

ワーク

あなたが言われた悪口を書いてみよう

悪口を都合よく解釈しちゃおう

エッセンス 8
〜「美」であなたの求心力を高めちゃおう〜

　ここまでワークをやってきたあなたは、かなり高い美意識の持ち主になったはずです！　長年、美を研究してきた ASAKO が保証します！

　話が変わりますが、高い美意識を持った女性には、実は、ある特性が付与されるのですが、なんだかわかりますか？

　それは、「求心力」です。つまり、あなたの魅力が増して、あなたに惹かれていく人がどんどん生まれるということです！　まだ、実感はありませんか？

　大丈夫です。あなたがこれまでのワークを繰り返し、そして、STEEP 4、STEP 5 のワークも完成させたとき、必ず、あなたには「あなたのファン」ができています。そのために、ここでは、求心力を高めるための1つのワークをしましょう。

　「あなたはどんな人にファンになってほしいですか？」これを最低5つ考えてください。

　なぜ、こんなことを考えるのか？　それは、あなたが望むファ

ンを誕生させるには、あなたが彼ら・彼女らに愛されるような求心力を持たなければならないからです。つまり、あなたも未来のファンから尊敬される自分に成長しなければならないということです。

「ファンのために、嘘の自分を作らなくてはいけないってこと？それはちょっと…」と思ったかもしれません。でも、これは全く違います。

だって、あなたが思い描いた「あなたのファン」の姿は、あなたが望む姿そのものでもあるからです。気づいていましたか？

「私のこんな姿を愛してくれるファンが欲しい！」と願ったあなたは、この時点で、すでにどんな自分になりたいかの答えがでているのです。あとは、その自分になるために美意識を高めていくだけ。

このワークをやっておけば、必ず、未来の素敵なあなたへとつながります。ぜひ、あなたの理想のファンを最低５人考えてみてくださいね。

ワーク

~あなたの未来の理想のファンを５人書こう！~

例）向上心があって美容好きの人

1

2

3

4

5

エッセンス9
～きれいなものを見る・自然に触れる～

　旅行先やふと出かけたときに、目を奪われる程美しいものに出会ったことはありませんか？　一瞬、時が止まるような感覚。人によっては感動したり、心が浄化されるように感じる人もいるでしょう。自然の美しさには言葉にできない魅力があります。自然なものに触れると美的感覚を養うことができます。私も、時間がある時は大自然の中へ行くのが大好きです。

　また、美しい1枚の絵を見るために世界中から人々が集まるのは何故でしょうか？　美しいものには時間や空間を超えて倫理的で道徳的な価値があります。しかし、美しいものというのは自分の身近にもたくさんあります。日々忙しく生活をしていると気づきにくいものです。

　そんなときは、ぜひ意識的に自然に触れたりリゾートに出かけたりしてください。そんな時間がとれないという人は、帰り道にお花を買って家に飾る。そんなことでも充分です。きっと、普段は気づかないきれいなものが実は身近にたくさんあることに気づくでしょう。
　美しいものを見ること、触れることは「美しい行い」を呼ぶのです。

ワーク

～きれいなものを見るアイディアを３つ書きましょう～

・

・

・

ステップ3

エッセンス 10 ～自分を褒める～

　あなたは普段、自分を褒めることができていますか。自分を褒めるというのはなんだか照れくさいのですが、自分を認めると言うことにもつながり自己肯定感を高めることができます。

　自己肯定感が高い人は良い時も悪い時も、自分を認めてあげることができるので「自分を好き」と思えるのです。どんな小さな事でも構いません。
　今日1日よくがんばった！
　いつもより丁寧にスキンケアをすることができた！
　栄養バランスの良い食事ができた！
　同僚に親切にしてあげた！
　いつもより多く歩くことができた！

　これが習慣になり、クセが付くとどんどん自分のことを好きになることができます。

Beauty Column

視線はまっすぐ

　美しい人の目線はいつもまっすぐです。決して下を向きません。目線を下げると暗い印象ですし、姿勢も悪くなってしまいます。
　歩いているとき、人と話をしているときや、電車に乗っているときもスマホはできるだけ見ないように、気をつけて。姿勢を正しく前を向くようにしてみましょう。

ワーク

〜いつも頑張ってる自分を褒めてみよう〜

・

・

・

・

・

STEP 4

自分の「オリジナル哲学」を持とう

～個性を強みに～

自分らしさの追求から「哲学」が生まれる

　STEP 3で「美意識」を追求してもらいましたが、ただ美意識が高いだけではオリジナリティがありません。せっかく自分として生まれてきた訳ですから、あなたらしさ、「自分らしさ」を大切にオンリーワンになってほしいと思います。そしてどこまでも美を追求する女性が最終的にたどり着く場所をあなたはご存じでしょうか？

　それは、**「哲学」**なんです。どうですか？　意外でした？

　「哲学」って言葉だけ聞くと、すごく小難しいイメージがありますが、本当はとても面白くて、個性と美しさがどんどん増していくエッセンスが含まれているんです。私が、哲学者に注目しているのも、哲学が自身の美に大きな影響を与えてくれているのを知っているからです。

　でも、哲学って、学べと言われても、何から学べばいいのかわかりませんよね。そんなときは、こんな方法がおすすめです。どうしても哲学がむずかしいと感じてしまう人には、自分にしかない「個性」と考えて下さい。

「抽象度の高い事柄に対して、自分なりに本質を見い出す」

　たとえば、「幸せ」って何だろう？と真剣に考えたことはありますか？　多分、あってもその答えをつき詰めて考えたことはないかもしれません。でも、ここで頑張って、あなたなりの幸せを言語化してみてください。

　私の場合、「幸せ」とは、
『自分の本来持つ力を全部発揮して、結果、まわりから喜んでもらうこと。感謝されること』
『愛する人とできるだけ多く過ごすこと』
です。幸せっていうのは、満たされていることだと思いますが、何によって満たされているのかを考えてみましょう。

ステップ4

　このあなたなりの答えを出すことが、自分らしさを追求することになり、あなたの「オリジナルの哲学」になります。あなたの本当の幸せを作ってくれるのです。
　では、すこしワークをしてみましょう。

ワーク

~抽象概念を言語化しよう（あなたなりに）～

1：幸せとは？

2：豊かさとは？

3：愛とは？

「哲学×美」＝オリジナルの人生を歩む女性

　美意識をもって哲学を身に着けた女性は、その人だけのオリジナルな人生を歩むことができます。なぜなら、美と哲学が融合することで、あなただけの世界観が創出され、迷いがなくなるからです。

　たとえば、私の場合、美意識で大事にしていることに「笑顔」があります。笑顔は自分を一瞬で明るくしてくれる（明るく見せてくれる）武器であり、内側からあふれる美を放ってくれます。では、ここで哲学を掛け算してみましょう。

　ここでかけ合わせる哲学を「豊かさ」としましょう。「笑顔×豊かさ」。あなたならどう解釈しますか？

　私はこう解釈します。
　『豊かさとは笑顔の数で決まる！　だから、1日10回は笑顔を作ろう！』

　もし、こうやって設定したら、意識してでも笑顔を作るよう努力しますよね。笑うために楽しいことを1日に1回はやるようにしたり、友達と話す時間を作ったり、努力するはずです。そう、これが大事なんです。

ステップ4

自分が素敵だと思う「美」や「哲学」。それは、単体ではイメージ・実行しにくいのですが、かけ合わせて、自分なりに行動として解釈することで、自分だけの目標設定ができるようになります。そして、この掲げた目標をひとつひとつ実行していくことが、オリジナルの人生を作っていくのです。

　1日に10回も笑う人生なんて素敵じゃないですか！？これは、昔も今もですが、私が実際にやっていたことです。本当につらいことがあってふさぎ込んでいたとき、これを実践したら自然と毎日が楽しくなりました。

　掛け算のパターンは無限です。次のワークで、あなたなりの美と哲学の掛け算をして、新しい行動基準を創ってみましょう。

Beauty Column

身近なエクササイズで「美」を高める

　「美」を保つ秘訣として欠かせないのが、やっぱり体を動かすことです。心と体はつながっていますので、体を動かすことで自身の内側と外側、どちらも美しくなれるのです。

　そして、エクササイズは日常の中からでも簡単に見つけることができます。例えば、部屋のお掃除をするのもそうです。駅まで歩いたり、子供を抱っこしたり一緒に遊んだりすることも、立派なエクササイズになります。お風呂にゆっくりつかるのだって、実はちょっとしたエクササイズになります。

　ポイントは、何事もまわりの環境を生かすこと。そして、身近なことから「美」を高めるための要素に気づくことです。

ワーク

～美×哲学の掛け算をしよう～

「美」の例
例）見た目の美：ネイル、髪、肌、服装、素足、メイク、姿勢、歩き
　　方など
例）内面の美：心遣い、言葉遣いなど

「哲学」の例
例）幸せ、豊かさ、愛情、善行など

掛け算：「美」（　　　　　　　　　）×「哲学」（　　　　　　　　　）

解釈：

ステップ4

新しい行動基準：

感動リストを作ろう

　ここで、あなたに大事なことをお伝えしなければなりません。それは、哲学女子になるためには、その前に、あなたが「感動女子」にならなくちゃいけないということです。

　「感動女子？なにそれ？」と思いますよね。それはですね、些細なことにも新しい発見ができて、そこに喜びや楽しさを感じられる女子のことです。

　質問です。ここ1週間で、あなたの心が動いた感動の話やシーンはありましたか？1分間、考えてみましょう。どうでしょうか？　いざ、考えると、中々、思いつかないですよね。これは、何もあなたが悪いわけではありません。感動というのは、普段の生活を普段通りしていては決して見つけられないものだからです。「感動」とは、自分が思っていたこと、期待していたこと以上のこと（もの）が目の前に現れた時に起こる現象です。新しいことを発見した喜びでもあります。

　つまり、日常的に起こる現象の見方を変えて、感動に変換する作業が必要なのです。
　難しいと思いますので、例をあげましょう。

　今日の晩御飯はあなたの大好きなイタリアンです。いつものお店で、いつも頼むカルボナーラ。1200円します。特に変わり映えはしません。味も一緒で、普通においしいので、一見、感動はないかもしれません。

　では、ここから、あなたの感動をいざなう魔法をかけましょう。

　「実は、このカルボナーラ・・・1000万円の価値があるんです！！」

　拍子抜けしました？　でも、これは嘘じゃありません。皆さんが普段食べているお店のパスタは、1000万円以上の価値があるんです。なぜだかわかりますか？　その秘密は、「縁起」という哲学の世界にあります。縁起とは、１つの事象は様々な事象の支えあいによってある、という考え方です。

　あなたの目の前にあるパスタは、お店では1200円で提供されています。でも、そのパスタを1200円で提供するまでに、どれぐらいの工程があったか理解できますか？

　まず、パスタの原料である小麦を育てる人の労力、小麦を運ぶ人の労力、クリームを取る牛を育てる人の労力、同じく運ぶ労力、そして、あなたにパスタを作ってくれる人はどれぐらい下積みを

してパスタを作っているのか？　すべての工程を時給換算すると、簡単に1000万円以上になるはずです。

　このように考えると、目の前に置かれた食事だって、考え方が変わりますよね？　目の前にある現象や事象は、実はそこに至るまでにたくさんのドラマや工程があります。それをイメージすることで、「あ、これにはこんな裏舞台があったのかも？」と感動の種を知ることができます。そして、それらを調べてみると、実際にはもっと大きな感動がそこにあったりするのです。面白いですよね。

　哲学女子は、このように物事の見方が普通とは違います。アイドルを見てかわいいと思うよりも、「このポジションに来るまでどんなドラマを歩んできたのだろう？」と、その人が積み重ねてきた目に見えない努力や美しさに、新しい発見をしようとするのです。そして、感動します。

　感動を極めていくと、「なぜ、感動したのだろう」と、どんどん自分で考えるようになります。この思考がまた、哲学女子へと成長させるのです。
　よって、「見方を変えて新しい発見をする→感動する→哲学を学ぶ」。このサイクルを徹底してください。あなたが哲学女子になれる最短の近道です。

ワーク

~感動リストを作ろう~

今日あなたが感動した出来事は？５つ考えてみよう

-

-

-

-

-

美意識のアンテナ

　私はいつも、美意識のアンテナを張っています。街中を歩いていても、「ビビッ」とくるような個性的で綺麗な人や一際美しいものを見つけることが得意です。もはや、趣味と言えましょう。

　「あ、あの赤いドレスを着た人は、きっと熱いパッションを持っているんだろうな」
　「あっちの洗練された着こなしをしているスーツの女性は、きっと自分の信念を持っているんだろうな」

　こんな感じで、すぐに「美」に反応して人の内面を想像してしまいます。そして私も、もっと自分らしくあろうと思うわけです。

　その中でも、特に美しいと思う人がいます。
　それは、「年齢を重ねるごとに美しくなっている女性」です。

　何歳になっても、自分の着たい服を着続ける女性。
　いつも自信に溢れている、私より年上の女性。
　本当にかっこよくて、いつも素敵だなと心から感じます。

　私も、こんな女性であり続けたいと思うものです。

　「美」にアンテナを張っていると、あなたが本当になりたい姿まで見えてきます。もし、あなたがどんな自分になりたいか悩んだ時は、街で素敵だと思う女性を見つけてみましょう。きっと、そこに「素敵なあなた」になれるヒントがあるはずです。

　これが、あなたのオリジナル哲学を生み出すための源になります。

STEP 5

「ヴィジョン・マップ」を完成させよう

「ヴィジョン・マップ」の書き方

　最後の章は、あなただけの「ヴィジョン・マップ」の書き方を
伝授いたします。

　ヴィジョン・マップとは、将来、あなたに訪れるであろう素敵
なたくさんの未来が示されたものです。未来のマップを手に入れ
ることで、あなたは迷いがなくなり、目標としている明るい未来
にどんどん近づいていけます。

　それでは、「ヴィジョン・マップ」の書き方をご説明しますね。

【手順１】あなたの実現したい夢を書く（複数回答）
【手順２】手順１で書いた実現したい夢に順番（優先順位）をつける
【手順３】ひとつの夢を選択して、いつまでに達成したいかを考える
【手順４】選択した夢を達成するために何をしなくてはいけないか？
夢のピースを考える。（必要なものは何か？）
【手順５】夢のピースひとつひとつの達成方法を細分化して考える

　まずは、あなたの達成したい夢をひとつひとつ手順１のように
書いてください。そして、手順２にあるように、優先順位をつけ
ましょう。次に、夢の１つを選択していつまでに達成したか？を
具体的に決めましょう。そして、夢を構成するピースを考え、そ
のひとつひとつのピースを達成できる方法を考えましょう。

　これがヴィジョン・マップを作るための最初のステップです。
手順１であげた夢の分だけ、ヴィジョン・マップがあります。よ

り多くの地図を持つことで、あなたの可能性はどんどん高まってきます。例をあげておきますので、これに沿って、あなただけのヴィジョン・マップを書いてみてください。

例）
手順1：実現したい夢を書く
・カフェをオープンする
・登録者1万人のユーチューバーになる
・美容ビジネスで年商1億円
・ラグジュアリーホテルで過ごす
・大切なパートナーを手に入れる

手順2：夢に優先順位をつける。
1位：カフェをオープンする
2位：登録者1万人のユーチューバーになる
3位：大切なパートナーを手に入れる
4位：美容ビジネスで年商1億円
5位：ラグジュアリーホテルで過ごす

手順3：ひとつの夢を選択して達成予定日を決める
＜選択した夢＞　登録者1万人のユーチューバーになる
＜達成する日時＞　1年後の今日

手順4：夢のピースを考える
～登録者1万人のユーチューバーになるためには？～
＜夢のピース＞　「表現力」「配信設備」「コンテンツ力」「キャッチコピー力」

手順5：夢のピースの達成方法を細分化する
＜表現力を磨くには？＞
毎日、トークの練習を10分はする
言葉のボキャブラリーを増やすために読書を習慣化する

105

夢は「完了形」で書こう

　ここまでたくさんのワークに取り組んできました。あなたも、もう気づいているかも知れませんが、「書く」ということは自らの思考をクリアにし、潜在意識に働きかけて夢を叶えるというすごいパワーがあります。

　潜在意識についてはここでは詳しく触れませんが、人の意識の90％を占めるといわれています。ですから現状の変化や夢の実現のためには欠かせない強い味方だと思ってください。

　「美×哲学」でオリジナルの人生を歩んでいくとき、あなたには、きっとたくさんの願望や夢が出てくるはずです。そこで、今回は潜在意識を働かせるための方法をお教えしましょう。

　では、ここでお聞きします。「あなたの今の夢や願望は何ですか？」紙にでも書いてみてください。書きましたか？　次にそれを「完了形」に書き直してみてください。

　実は、これは、たくさんの夢を叶えている人ほどやっている、夢を「完了形」で考えるという思考です。多くの有名なスポーツ選手や著名人も、夢ノートを作り、完了形で書き、実現してきたといいます。具体的に言うと、まだ未来のことなのに、それが叶っているかのように書きます。たとえば、こんな風に。

106

私は１年後の５月にチャンネル登録者１万人のユーチューバーに
なりました。
私は３年後の５月には美容の事業を運営して年商１億を超えまし
た。
私は５年後の５月には５冊の著者になっていてベストセラー作家
になりました。

　どうでしょうか？　まだ未来のことなのに、「なりました」と完
了形で書いていますよね。これがポイントなんです。完了形で書
くと、自分の中で、「もう叶った」という意識が芽生えます。そ
して、達成していくために何をしていくべきかと逆算して考える
ので、夢や願望が叶いやすいのです。

　この完了形のいいところは、誓いを立てるところにあります。
つまり、自身の意思を強く持てるのです。決して他力本願では
ありません。「なりますように」では、どこか他力本願ですよね。
でも、「なりました」はどうでしょうか？　自分でやってやるぞと
いう意思が感じられませんか？

　目標があっても達成できない人の多くは、意志の弱さに理由が
あります。強く美しい女性は、意思の強い女性でもあるのです。
あなたも、完了形で夢や願望を書き、もう叶っている未来を強い
意志で手に入れてください。

ステップ5

ワーク

～あなたの夢や願望を「未来完了形」で書きましょう～

～そして、逆算して達成までの工程を考えてみましょう～

自分を人生の主役に抜擢しよう

　夢の「マップ」の書き方を手に入れたあなたは、あとは実践するのみですね。夢のマップを手に入れて、夢の達成に向かって歩いていく姿はいつも輝いています。そして、ここからはより良質なマップ作りに必要なマインド面をお伝えいたしましょう。

　その一は、「人生の主役はいつもあなた」にしてほしいということ。脇役じゃダメなんです。よく「私は前に出るタイプじゃないから脇役に徹するね」と、言う人がいます。縁の下の力持ちとなるのは悪いことではありません。とても大切なことです。でも私が言いたいのは、どんなポジションであっても、「人生という舞台の主役はいつも代わりのきかない自分」だという意識を持ってほしいということです。

　例えばとてもつらいことがあったとします。すぐには前向きな気持ちになるのは難しいかもしれませんが、そんな時にも〝自分が人生の主人公〟という意識がどこかにあれば、「たとえ嫌なことや苦しいハードルがあった時にも、毎日がシンデレラのような素敵な主人公の私。必ず乗り越えることができるし、ハッピーエンドは約束されている。たくさんの人が注目しているわ。さて、今日はどんな素敵な私でいようかしら」。こんなふうに考えることができたら、自然と気持ちもどんどん向上していくはずです。

人生の主役とは何か？　それは、ひと言でいうと、「自分自身の在り方」を知ることになります。人生が１つのストーリーならば、自分の役割や在り方を知って、存分にその力を発揮することが大切です。なぜなら、自分自身が感じることは、自分の心からの何かしらのメッセージであるからです。人生はドラマでありストーリーです。あなたが主役で輝いていなきゃいけません。あなたはどんな役割を与えられた主役になりたいですか？

　次のワークで考えていきましょう。

ワーク

～あなたはどんな主役になりたい？～

例）仕事も子育てもどちらも器用にこなすスーパーママ

～あなたの役割は？～

例）会社員、母親、妻、地域の役員などいくつでも

応援される人になる

　あなたには、誰か応援している芸能人や有名人はいますか？もっと身近な人でもいいですよ。応援している人が活躍していると嬉しくなっちゃいますよね。では、**あなたを応援してくれている人は何人いますか？**

　こう聞かれると、「あれ、いるかな？」となっちゃいますよね。でも、これからあなたが夢のマップを完成させて、実現させるには応援される人になれるかが、大きなカギを握っています。

　私も、いま YouTube を頑張っていますが、チャンネル登録者って、いわば応援者でもあるんですよね。チャンネル登録という形で応援してくれているわけです。そうした応援があるからこそ、1万人、10万人、100万人の登録者を持つトップユーチューバーという夢を達成できるわけです。夢というのは、1人で達成できない場合が多々あります。大きければ大きいほどそう。夢を叶えている人には、必ず、応援者（サポーター）がいます。応援者を増やしていけるかが、自分の個性やブランド力が影響力を持つこれからの時代においては、必須です。

　ここで大事になるのは、「応援者の増やし方」です。大きな夢を叶えてきた、たくさんの偉人や有名人たち。その人たちに共通

する応援者の増やし方が３つあります。

　１つ目は、「自分を隠していない」こと。２つ目は、「素直である」こと。３つ目は、「自分に自信を持っている」ことです。

〜自分を隠さない〜

　実は完璧な人には応援者はつきません。どこか人間らしい悩みや苦悩を持っている人を、人は応援したくなります。そしてその自分の悩みや苦悩が実は多くの人と同じであり、心に響くということもあります。だからこそ、夢を叶えるためにはあなたの弱さや悩みも打ち明ける勇気が必要です。

〜素直さ〜

　２つ目は素直であるということです。あなたは人にアドバイスをもらった時に「素直にそれを実行できますか？」多くの人は、良い話を聞いたなと、そこで終わってしまうものです。すべての人の意見を素直に聞き入れる必要はありませんが、自分がなりたい姿に近い人の話やアドバイスは、行動に移すことが大切です。

　なぜそんなことを今の自分がやる必要があるの？　と疑問に思うかもしれません。しかし、そんな人からのアドバイスは、ぜひ行動に移してみてください。そんな素直さがある人は、まわりから可愛がられて、チャンスにも恵まれやすくなります。

ステップ5

～自分に自信を持っている～

　3つ目、これはとても大きな意味合いを持ちます。応援される人は皆、言葉に力があります。周囲は心を動かされてしまうのです。でも、どうしたら言葉の力を持てるのか？　それには、ひとつ簡単な方法があります。自分が思っていること、感じていることを「断言」するのです。

　たとえば、誰かの力が必要な時、「できれば、手伝ってくれない？」と言うよりも、「〇〇さん、今の私には〇〇さんの力が絶対に必要！だから、手伝って！」と言ったら、相手は、必要とされていることをより強く感じます。

　ほかには、誰かにお願い事をされて引き受ける時も、「多分大丈夫」と答えるよりも、「任せて！絶対に力になるから大船に乗った気持ちでいて！」と言ってあげた方が、相手はあなたを信頼しますよね。そう、断言することで、あなたは人から信頼を得るのです。

　まずは、自分が普段よく使うあいまいな表現を思い出し、時には「断言」できるような言葉に置き換えて練習してみましょう。

　この3つはちょっとしたコツですが、応援者を増やすための、重要ポイントになります。次のワークで応援者を増やすための素質を磨きましょう。

ワーク

～自分をさらけ出そう（弱みを書き出そう）～

例）数字がニガテ。人前で話すと緊張して頭が真っ白になる

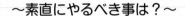

～素直にやるべき事は？～

例）メンターの○○さんの言っていたオススメの本を読む

～人を動かす言葉を磨こう～

例）多分そうだと思います⇒"多分"という言葉は使わないようにする

価値観を見直そう

　あなたの中で大切なものは何でしょう？　考えたことはありますか？　聞かれたらすぐに答えることはできますか？　10代、20代の私に聞いたら、健康を外して少し無理しても、おしゃれやメイクを楽しみたいというでしょう。しかし、今は思いません。最近は、子育て中ということもあり、家族と過ごす時間がなにより大切です。そう、価値観は変化するものですが、自分が何を大切にしているのか、知っておくことをおススメします。特に進学や転職など、大きく環境が変化する時には、今一度、このワークをやってみてください。

　普段、お仕事・生活に追われていると、中々、きちんと考える機会はないと思います。けれど、ここで一度、あなたの人生において大切にしている価値感を棚卸しして、優先順位をつけることをお勧めします。なぜなら、人は、優先順位をつけないと本当に大切なモノを失ってしまうからです。最悪の場合、取り返しがつかなくなってしまうことも……。

　本当は優先順位の低いものを情でやってしまって、本当に大切なものに時間をかけることができずに、また、無理をしすぎて体調を崩してしまった人、実現できたはずの夢や大切なものを失ってしまった人を、私も何度も見てきました。

　夢の「マップ」は何枚でも持つことができますが、一度に抱え込んで持つのではなく、ある程度、優先順位を絞って持つことが重要です。何事も、心の余裕を持つためにも、抱え込みすぎてスペースをなくしてしまうことはお勧めできません。10枚のマップがあったとしたら、まず、持ち抱えるのは3枚までにしましょう。そして、3枚のマップに書かれた夢を達成し終わったら、次のマップを持ち出しましょう。小さなことなら4、5枚まではオッケーです。

　あなたの本当に手にしたいものは何ですか？　次のワークで棚卸しをして、優先順位をつけていきましょう。そのためにもここであなたの価値観をはっきりさせておきましょう。

Beauty Column

ハッピーホルモン「セロトニン」

　あなたは＜セロトニン＞という言葉を聞いたことがありますか？別名「ハッピーホルモン」「幸せホルモン」とも呼ばれます。心のバランスを保って自律神経を整えたり、ほかにも私たちが毎日懸鼓的に過ごすのに欠かせないホルモンです。積極的に1日の生活の中で、このセロトニンを増やすための習慣を取り入れましょう。

例）
・午前中に日光を浴びる（20分〜30分くらい）
・毎食、片手の手のひらひと盛りのタンパク質を摂る
・寝る前、2時間くらい前からTVやスマホをOFFにする
・夜はノンカフェイン飲料にする
・湯船に浸かる（37〜40度くらいがおすすめ）

ワーク

～あなたが人生で大切にしているものは？５個上げよう～

例）安定、貢献、名声、変化、誠実、時間、健康、お金、家族、友達、
　　恋愛、趣味……

～その５個に優先順位をつけよう～

☐

☐

☐

☐

☐

環境を整える（未来の友人関係を整えよう）

　夢を叶えるにあたって、今一度見直した方がいいことがあります。それが、友人関係です。友達は本来ステキなものです。落ちこんだときには励ましてくれますし、楽しいひとときもくれます。しかし、どうしても叶えたい夢があるならば、友達は厳選するのも必要です。なぜなら、夢を叶えてくれる一助になってくれるのも友達ですが、夢を壊すのも友達だからです。

　一定数のある友達は、夢を追うあなたに対して、こんなことを言います。「あなたを思って言うけど・・・、もういい年だし諦めたほうがいいよ」。そう、ドリームクラッシャーであり、あなたのヴィジョン・マップに落書きをしてきます。「心配だから」と言ったり、ネガティブな言葉であなたのやる気をそがせてくるのです。こうなったら、せっかくあなたが描いた素敵な未来が台無しになってしまいます。

　そして、こうゆう友達は、いざあなたが成功したら、嫉妬して、あなたの足を引っ張りに来るなんてことも。もう、それは友達ではありません。古くからの気心知れた友人ならいいのですが、これから作る友達やまだ付き合いの浅い友達であればまず、友達として付き合う前に、あなたの夢を心から応援してしてくれる人かを見極めましょう。

ステップ

119

見極め方として有効なのが、あなたが友人に対して、夢をはっきりと言ってしまうことです。そして、もし相手の反応に以下のようなワードがあったら、付き合うのをやめましょう。

　「そんなの無理だよ」「現実的には、難しいよね」「もっと小さく考えようよ」「本当にできるの？」「意味あるの、それ？」「あきらめなよ」

　こうしたワードを言う人は、（あなたにとって）必要ないどころか、あなたらしさまでも奪ってしまう絶対に付き合ってはいけない人です。あと、あなたが嫌いな言動をしている人とも、友人関係にはならないようにしましょう。脳は主語を選べません。相手の放った言葉が、自分に対してでなくても、自分ごとだと錯覚してしまうので要注意です。

　よって、ネガティブワードや嫌いな言葉を発する人は近くにいるだけですごく悪影響を及ぼします。一緒に時間を過ごした後、なんだかぐったり疲れたという経験ありませんか？　きびしい言い方ですが、そんな相手との関係は思い切ってバッサリ捨ててしまいましょう。

　私自身も、今まで友人関係は悩むことが多々ありました。しかし、思い切って友人関係をバッサリ切ると、新しいステキな人と

のご縁に恵まれるという経験が何度もあります。

「昔からの付き合いだし・・・」

「友人も多くないし・・・」

いろいろ思うこともありますが、自分の輝く未来を手に入れるために、今までとは少し選択を変えてみてください。

次のワークで、あなたが嫌いな言動をあげてみましょう。そして、周りにそんな人はいないかを冷静に考えてください。

Beauty Column

ありがとうの魔法

普段「ありがとう」という言葉をどのくらい使っていますか？

「ありがとう」は、伝える人も伝えられた人もお互いが幸せになれる素敵な言葉です。

だから、言い過ぎかなと思うくらい使ってもいい、と私は思っています。日常の些細な事にも小まめにありがとうを伝えましょう。人間関係が良好になり、コミニケーションも円滑になります。

「ありがとう」ポジティブな効果ばかりです。特に親しい人にはたくさん使うようにするといいですね。

ステップ5

ワーク

〜あなたの嫌いな言動は？（言葉や動作）〜

例）悪口を言う、他人をひがんでばかりいる

〜なぜ、嫌いなのか？〜

例）聞いているだけで嫌な気持ちになる

「気づきと学び」を忘れない

　日頃から「気づきと学び」を忘れないようにすることは重要です。なぜなら、気づきと学びなくしては、人は成長できないからです。そして成長がなければ夢は叶えられないからです。**夢というのは、簡単に叶っては夢ではありません。たくさんの知恵を得て、経験を積んで、そこからはじめて叶うものです。**

　気づきと学びは、自分にたくさんの知恵を運んでくれます。失敗から得た「気づきと学び」。旅から得た「気づきと学び」。友達と明け方まで将来を真剣に語ったときに得た「気づきと学び」。お金には代えられないものです。

　この「気づきと学び」をどう活かせるか？　これがあなたが継続的に夢を叶えていく鍵となります。人は、気づきや学びを普段あまり意識していません。あっても、それをメモしたりしている人は少ないでしょう。これから、「気づきや学び」を意識的にメモしていく習慣を身につけましょう。気づきは大きなことでなくてもいいのです。本を読んで、ひとつ好きな言葉を見つけたらそれをメモする。明日から使えそうなビジネススキルを発見したらメモする。おいしそうな料理のアレンジ法を見つけたら簡単にメモするのもいいですね。

ステップ5

123

そして、きちんとひとつひとつ実践して、自分のものにしてくださいね。いつしかインスピレーションも得やすくなるでしょう。それが、あなたを幸せにする近道です。

ワーク

～あなたの最近の「気づきと学び」を書きましょう。また、どう活用するかも考えよう～

気づき：

学び：

どう活用する？：

人生にタイトルをつけよう

　あなたの人生に「タイトル」をつけるとしたら、なんとつけますか？　これは、ドラマや映画をイメージすると分かりやすいかもしれません。「自分の人生って、どんなだったかな？」または、「これからどんな人生にしたいか？」を考えた時、それにタイトルをつけられれば、あなたのライフスタイルが見えてきます。

　ライフスタイルというのは、ヴィジョン・マップを完成させるにあたって大切です。なぜなら、ライフスタイルは、あなたの人生の軸となるものだから。考え方・行動パターンなど、軸がないとブレが出てしまいます。思うように人生を歩めません。でも、人生にタイトルをつけることで、生き方がはっきりと見えてきます。あなたの魅力がたっぷりと詰まったタイトルを考えてみましょう。

　たとえば、私なら、「磨く、美意識！いつでも自分らしく輝く私！」と、これまでの人生のタイトルをつけます。美とは何だろう？と考え続け、自分らしくあることを追求した約30年間でした。よって、「美×自分らしさ」がこれまでの私の生きざまだったのです。そして、これからの私の人生にタイトルをつけるとしたらどうするか？「やりたいことを全部やる！美しく豊かな『ASAKO』のハッピーライフ」とつけます！

ステップ5

125

これは、これからの人生で、私は「美」はもちろんですが、豊かさをさらに追求して、さらに「表現者としての自分」を確立すると心に決めているからです。そして、益々しあわせにもなります。未来の人生のタイトルつけは、意思表示や決意でもあるのです。あなたのタイトルは何でしょうか？

　次のワークで考えてみてくださいね。

Beauty Column
完璧主義はやめる

　海外にしばらく住んだ経験から感じたことは、日本の多くの女性は真面目で責任感が強い。家事も育児も仕事にしても、決めたことをやり遂げられないと、自分は駄目な人間だと落ち込むという話もよく聞きます。

　完璧主義の人は「こうじゃなきゃダメ！」という物事に対する価値観が強くて、ある意味では視野が狭くなってしまっています。また、良い悪いのジャッジを自分にも人にもしてしまいがちです。

　ですが、自分も他の人も、色んな時があります。完璧ではなかったかもしれないけれど、95％出来ただけでもホントは凄いことです。日によっては30％しか出来ないかもしれませんが、「こういう時もあるかな」って自分を許してあげることも時には大事です。人にも優しくなれるのです。

　それくらいのゆるさで、物事を捉えられると意外と上手くいくこともあります。

　どうか、いつも頑張っているかけがえのない自分自身を大事にしてあげてくださいね。

ワーク

〜あなたの人生のタイトルを考えよう〜

過去：これまでの人生のタイトル

未来：これからの人生のタイトル

行動を変えて背伸びをする

　あなたはいつも何かを購入するときに、どのような基準で選んでいますか？

　私は普段から大事にしている基準があります。「迷ったら高い方を選ぶ」ということです。おそらく、迷ったら安い方を選んでしまう人も多いですよね。でも安い方ばかりを選んでいると、「安い自分」から一向に抜け出すことはできないのです。

　もちろん、これはモノや金銭的なことに限らず「豊かさを選択する」ということにつながっています。

　例えば、少し時間があるのでカフェに行きたいなと思いどこに行こうか考えます。いつもなら近場でコーヒーが格安で飲める駅近の狭いコーヒーショップに行くところを、少し離れているけれど高級ホテルのラウンジにあるゆったりしたソファーで1杯1000円のコーヒーを飲んでみる。コーヒーの値段は何倍もするでしょうが、あなたの気持ちはどうでしょう？　後者の方が、豊かさを感じ、心も満たされると思いませんか。

　今の自分自身や現場を変えたいと思うのであれば、背伸びが必要となってきます。「背伸びをする」という言葉は、もともと外見など偽ることで自分の実力以上の状況に見せかけるということですが、自分自身に暗示をかけるという意味でも効果的です。

STEP 5 「ヴィジョン・マップ」を完成させよう

　最初の一歩は少し勇気がいりますが、これを続けていくとクセ
になり、気づけば習慣になります。習慣になればこっちのもの。
人生を豊かに変えていくことができるのです。

ワーク

自分の行動を変えてみよう。背伸びできること・選択基準を豊か
にできることを５つ書き出してみましょう。

-
-
-
-
-

ステップ5

おわりに

　本書を最後まで読んでいただき、ありがとうございます。

　あなたには愛すべきたっぷりの魅力があることが分かっていただけましたか？

　今回、本書を書いたのは、女性の持つ「夢」を応援したかったからです。結婚や出産育児などのライフイベントに影響受けやすいのが女性。子供の頃、学生の頃に抱いていた夢をいつの間にかあきらめてしまう人が多いのです。これはとても残念なことです。

　本来女性は、強く、たくましく、麗わしく、気高い生き物です。

　そして、女性ならではの感性をフルに生かすことで、これまで誰も生み出せなかった世界を創造することだって可能です。

　女性としての幸せって、一昔前なら、「お嫁さん」が一番多かったかもしれません。でも、時代に吹く風は変わって、女性の幸せの形も大きく変わってきました。たくさんの幸せの形がある中で、どうしたらひとりひとりが自分らしい最高の幸せを手にすることができるのか？　を真剣に考えた時、そこにあったのは「美」と「哲学」でした。

　美意識は、あなた自身を愛すべき自分に変えてくれる魔法です。

そして、哲学は、あなたが夢に向かって迷わずに進めていけるようにする揺るがない軸となります。いま、こうして、最高の美意識と最強の哲学を手に入れたあなたは、夢を叶える「ヴィジョン・マップ」を必ず完成させることができます。

　本書のワークと真剣に向き合い、すべてをやり終えた時、あなたの中では、以前のあなたとはまるで違う、生まれ変わったあなたになっているかもしれません。今回は、そのぐらい重要なワークを取り揃えました。

　このワークは何度も繰り返しやってください。最初に描いた夢が変わっても問題ありません。なぜなら人は日々変化しているからです。成長もしています。

　「はじめに」でも言いましたが、本書は定価で買えます。でも、ワークを書き終えた本書になると、もう値段がつけられません。本書をきっかけに、何百万、何千万とお金が手に入るビジネスで成功してしまう人もいるでしょう。ぜひ、どんどん夢を叶えて、あなたの人生を最高に豊かでしあわせにしてほしいと思います。

　そして、最後まで読んでくださったあなたに大事なご報告がございます。

「女性はいつも輝かしく美しくあれ」

　私がいつも心に抱いている大切な感情です。そして、そんな最高の女性を1人でも多く創造したいと願い、このたび、女性の美と幸せを追求する会社「STELLA（ステラ）株式会社」を2023年8月29日に設立しました。女性だけで作った会社です。

　stellaとはラテン語で「星」を意味します。星は夜空に存在感を持って美しく煌めき、見る人の心を魅了します。そんな素敵な煌めきを社会に放ち、耀く女性になってほしいという願いを込めて、「STELLA」と名付けました。

　stellaには、「a stellar role」という言葉もあるように、主役という意味も込められています。そう、星のように耀くあなたは人生の主役なんです！

　あなたが主役なら、「STELLA」という会社は、あなたの魅力をより引き立たせるためのサポート役です。一緒に人生という舞台を華やかにしていくパートナーでありたいと心より思っています。

　まだ設立したばかりなので、本格的な事業や活動はこれからです。女性がより自信を持てるように、健康的に美しくなれるように、女性のための総合的な情報発信から商品サービスの販売を計

画しています。スマホが手元にある方は、QRコードを読み取っ
てみてください。stellaのホームページがご覧になれます。

https://stellainc.co.jp/

　今後、事業の内容や情報発信はホームページで定期的に行なっ
ていきます。美と健康、そして、あなたを幸せにする哲学に少し
でも興味がある方は、ぜひ、ホームページに遊びにきてください。
私も張り切って「美」の情報をあなたにお伝えします！

　最後になりますが、本書を書くきっかけをくださった未来生活
研究所の中野さん、編集してくださった乳井さん、新田さん、そ
して、本書を読んでくれている読者の皆様に感謝を申し上げます。

　それでは、あなたが最高の幸せを手にして、夢を叶えていける
女性になることを心より願っております。

ASAKO

感謝と御礼

このたびは、クラウドファンディングへのご支援をいただき、ありがとうございます！　皆様のご支援あって本書を出版することができました。心よりお礼を申し上げます。
今後は女性の強さや逞しさをもっと社会に伝えていけるように、努力して参ります。
どうぞ、よろしくお願いします！

♡　ご支援いただいた方のお名前　♡

黒野 友香　様

Naoko 様	ラブちゃん 様	尾崎 桂子 様
國光 洋志 様	奥谷 芳輝 様	増田 由希 様
池上 敦子 様	青山 弘志 様	金剛 好子 様
水野 肇 様	清水 ひろ美 様	大坂 結唯 様
緒方 秀行 様	松田 順子 様	杉山 保子 様
櫻井 正英 様	片岡 慎太郎 様	高橋 佳津子 様
HA THI THUY CHINH 様		北垣 恵太郎 様
宮城 恵子 様	竹中 幹人 様	御代 麻理子 様
米田 創 様	生島 正 様	荒井 英里 様
大きく 造る 様	渕名 康太 様	池野 弘 様
池野 堅太 様	吉村 孔志 様	内藤 光代 様
中野 龍子 様	中野 りか 様	中野 伶音 様
りょう社長 様	乳井 遼 様	坂東 愛莉 様
堀井 恋音 様	新田 茂樹 様	株式会社フロンティア

株式会社エコライフ研究所　　未来生活研究所 社員一同

中野 博　様

※ここに掲載した方掲載の許諾をいただいた方のみ掲載しています。

[著者プロフィール]

ASAKO（あさこ）

美容研究家
作家・美容モデル。一児の母
女性だけの会社 STELLA 株式会社を設立

幼少期から美容への強い探究心から独学で研究をする。美容系短大に進み、化粧品学やファッション文化などを学ぶ。ネイルやアロマの資格を取得。
卒業後ネイリストとして働きながら、企業や商品の CM・スチール・美容モデルや TV、ラジオ出演などの仕事をする。
2014 年インドに渡り、現地のブライダル事業に携わり、現地の女性にネイルアートを教える。かたわら、ヨガを習いアユルヴェーダの考え方を知る。
(2020 年全米ヨガアライアンス RYT200 を修了。)
2017 年に著書『「女の子」は努力しないほうがうまくいく。』を出版。電子書籍版も販売中。
2023 年女性の夢を応援する会社を設立。

尊敬する人：ココ・シャネル

インスタ	Facebook	YouTube

書けば叶う魔法の習慣

2023 年 12 月 23 日　初版発行

著者　ASAKO

発行者　中野博
発行　未来生活研究所
東京都中央区銀座 3-4-1　大倉別館 5 階
電話（出版）　048-783-5831

発売　株式会社三省堂書店／創英社
東京都千代田区神田神保町 1-1
電話　03-3291-2295

印刷　デジプロ
東京都千代田区神田神保町 2-2
電話　03-3511-3001

表紙デザイン　株式会社花咲堂企画・薗 奈津子
イラスト　Naoko
編集担当　乳井遼、新田茂樹（未来生活研究所）

運を良くする気

著者　ヤスミン

自分の生き方に悩んだことはありませんか？

本書では、四柱推命を使って、あなただけが持つ本当の才能や運の掴み方を伝授します。

本書は、たくさんの事例やイラストを使って、日本一優しく楽しく四柱推命が学べる一冊になっています。

『テキサスに ZenCozy 〜善光寺』

海をわたる志と和魂
和魂の故郷【信濃國】の秘密
著者／倉石灯（ルーク倉石）　中野博　望月均

法隆寺の「夢殿」でお祈りをしている時でした。お堂に向かって手を合わせ、心を無心にして一生懸命に「念（おも）い」をお堂の中にいる仏様に伝えている最中でした。突然私の頭の中に、鮮明かつ強烈な 3D イメージが飛び込んできたのです。

それは、有志とともにテキサスに寺を建立することでした。そしてそのお寺を拠点にして「和魂」の教育や日本文化を紹介していく情報センターの役割を果たしていく、というイメージ映像でした。

（「序章」より）

『天活』
10代で学ぶ天才の活用法
著者・中野浩志（中野博）

10代の君へ！　君にはこんな才能とキャラが生まれた時から備わっているよ！　持って生まれた才能とは、天から授かった才能。つまり『天才』。

10代の君がいま知っておけば大人になって社会に出てからもずっ～と役に立つ！

それが『ナインコード』。

この「ナインコード」を知っていれば、あなた自身がどんな資質を持つ人で、どんなことが得意で、これから先どんな生き方が自分にとって一番合っているのかがわかります。

本書で紹介するのは、
学校では教えてくれない、
君の「天の才」とその活用法！

夢と金も「引力」

お金は夢が好き！
だから、夢がある人にお金は集まるんだよ
著者　中野 博

お金持ちだけが知っている「万有引力の夢と金の法則。
これを知り実践すれば、あなたの夢は必ず叶う。

第1章　99％の人が知らない「お金と夢の正体」
第2章　金持ちになりたければ「信用」を貯めよ
第4章　金持ちになる「マインドセット」
第3章　夢と金を引きつける「引力」を得た人たち

31日で金持ちになる魔法の習慣

著者　中野 博

いくら頑張ってもお金に愛されない人がいる。出費だけがかさみ、お金が全然手元にやってこない。なぜだろうか？なぜ、努力値は同じはずなのに、お金の差（収入の差）が出るのだろうか。その答えはたった一つ。「お金持ちになるための習慣」をしているかどうかだ。

金持ちになる扉を開く
31個の金持ちになる習慣
あなたが金持ちになりたいなら
絶対に欠かせないものがある。
それは「笑顔」だ。

第1章　金持ちマインド
第2章　金持ちの時間術
第3章　金持ちの投資術
第4章　金持ちへの成り上がり
（100万人に一人のレア人材に）
第5章　金持ちの仕事術

お金のトリセツ

お金持ち大全

著者　中野 博

さあ、これから資産一億円を目指す旅に出よう

本書では、学校や職場では絶対に学べない、
「お金の本質や役割」
「お金の裏の仕事」
「お金の賢い稼ぎ方」
「お金の正しい守り方」
を全て教えている。
グレートリセットという大変化が始まる2024年からの、正しい答えが本書には書かれている。ぜひ、あなたにも知ってほしいお金のまつわる攻めと防御の知識と実践法